UN CAFÉ AVEC SOI

Grille intérieure : Clémence Beaudoin
Infographie : Chantal Landry
Couverture : Clémence Beaudoin et Chantal Boyer
Révision : Julie Loncin
Correction : Jocelyne Cormier et Lise Duquette

Catalogage avant publication de Bibliothèque et Archives nationales du Québec et Bibliothèque et Archives Canada

Titre : Un café avec soi : faire entrer la magie dans sa vie en cinq minutes par jour / Kristen Helmstetter.
Autres titres : Coffee self-talk. Français
Noms : Helmstetter, Kristen, auteur.
Description : Traduction de : Coffee self-talk : 5 minutes a day to start living your magical life.
Identifiants : Canadiana (livre imprimé) 20230080464 | Canadiana (livre numérique) 20230080472 | ISBN 9782898390043 | ISBN 9782898390050 (livre numérique)
Vedettes-matière : RVM : Formules autosuggestives. | RVM : Tranquillité d'esprit. | RVM : Autodéveloppement. | RVMGF : Livres de croissance personnelle.
Classification : LCC BF697.5.S47 H4414 2024 | CDD 158.1—dc23

01-24

Imprimé au Canada

La présente édition en français est publiée avec l'accord de Montse Cotazar Literary Agency (www.montsecortazar.com.)

L'ouvrage original a été publié par Green Butterfly Press, sous le titre *Coffee Self-Talk.*

Dépôt légal : 2024
Bibliothèque et Archives nationales du Québec

ISBN (version papier) 978-2-89839-004-3
ISBN (version numérique) 978-2-89839-005-0

DISTRIBUTEURS EXCLUSIFS :

Pour le Canada et les États-Unis :
MESSAGERIES ADP inc.*
Téléphone : 450-640-1237
Internet : www.messageries-adp.com
* filiale du Groupe Sogides inc.,
filiale de Québecor Média inc.

Pour la France :
INTERFORUM ÉDITIS
Téléphone : 33 (0) 1 49 59 11 89 / 12 40
Service commandes France Métropolitaine
Téléphone : 33 (0) 2 38 32 71 00
Internet : www.interforum.fr
Service commandes Export — DOM-TOM
Internet : www.interforum.fr
Courriel : cdes-export@interforum.fr

Pour la Suisse :
INTERFORUM editis SUISSE
Téléphone : 41 (0) 26 460 80 60
Internet : www.interforumsuisse.ch
Courriel : office@interforumsuisse.ch
Distributeur : OLF S.A.
Commandes :
Téléphone : 41 (0) 26 467 53 33
Internet : www.olf.ch
Courriel : information@olf.ch

Pour la Belgique et le Luxembourg :
INTERFORUM BENELUX S.A.
Téléphone : 32 (0) 10 39 59 54
Internet : www.interforum.be
Courriel : Export.Belgique@interforum.fr

Gouvernement du Québec – Programme de crédit d'impôt pour l'édition de livres – Gestion SODEC – www.sodec.gouv.qc.ca

L'Éditeur bénéficie du soutien de la Société de développement des entreprises culturelles du Québec pour son programme d'édition.

Conseil des arts du Canada | Canada Council for the Arts

Nous remercions le Conseil des arts du Canada de l'aide accordée à notre programme de publication.

Financé par le gouvernement du Canada | Funded by the Government of Canada | Canada

Nous remercions le gouvernement du Canada de son soutien financier pour nos activités de traduction dans le cadre du Programme national de traduction pour l'édition du livre.

Nous reconnaissons l'aide financière du gouvernement du Canada par l'entremise du Fonds du livre du Canada pour nos activités d'édition.

KRISTEN HELMSTETTER

UN CAFÉ AVEC SOI

Faire entrer la magie dans sa vie en cinq minutes par jour

Traduit de l'anglais (États-Unis)
par Jeannot Clair

Le jour

Introduction

Cher lecteur,

Salut ! Je m'appelle Kristen et je suis enchantée de faire votre connaissance. Quand j'ai écrit ce livre, j'étais au début de ma quarantaine et je venais de traverser une période de changement profond dans ma vie. Bon, d'accord, ma vie était déjà plutôt bien avant. Ma famille (mon mari, ma fille) et moi étions en bonne santé, j'avais des amis sur qui compter et j'avais connu de beaux succès. Je n'avais aucune *vraie* raison de me plaindre. Mais ça ne m'empêchait pas de le faire… et à propos des choses les plus triviales ! *Problèmes de riche*, me direz-vous, pas vrai ?

On avait alors décidé de prendre le taureau par les cornes et, comme on dit, de tout balancer pour faire le tour du monde. La première année, on s'est baladés en Europe. C'était excitant et amusant, mais je me suis rendu compte qu'au fond, je fuyais quelque chose… ou, plus précisément, que je fuyais parce qu'il *manquait* quelque chose à ma vie.

J'utilisais le voyage pour faire taire le sentiment désagréable que ma vie était inutile, qu'elle n'allait nulle part.

Dans l'ensemble, j'avais une bonne attitude dans la vie. Je voyais le verre à moitié plein la plupart du temps, mais ce n'était pas encore au point. Ce qui manquait, c'était de la *magie*. Voyager me changeait juste assez les idées pour m'éviter de me poser les vraies questions, mais ça impliquait aussi une bonne dose de stress. Comme vous vous en doutez, demeurer en pays étranger, passer d'une ville à l'autre, ne jamais défaire sa valise, déménager sans cesse, et tout ça avec un enfant… ce n'est pas simple.

Avant de quitter les États-Unis, je m'étais déjà plongée assez sérieusement dans la bonne vieille méditation pleine conscience. Je m'étais aussi dotée d'une philosophie taoïste qui visait en gros à chercher l'équilibre et à *vivre le moment présent* au lieu de m'en faire à propos de ce qui est hors de mon contrôle. Je trouvais une certaine paix dans ces deux pratiques et je ne regrettais pas de m'y adonner. Mais je me réveillais encore trop souvent avec le sentiment d'être perdue, à tel point qu'il m'était difficile de me tirer du lit et d'affronter la journée. Pourquoi cela ? J'étais une personne plutôt heureuse, non ? J'avais de la chance et je me sentais privilégiée.

Dans ce cas, qu'est-ce qui expliquait que l'anxiété me serrait le cœur si souvent ? Pendant les six premiers mois de notre voyage autour du monde, pour me motiver à me lever, je m'en suis remise à la gratitude, à la méditation et au taoïsme. C'était un bon début, mais… je n'étais pas rayonnante. Je n'étais pas resplendissante. J'avais pourtant un bon potentiel, et au fond, j'aurais dû être heureuse et reconnaissante. J'avais ce qu'il faut pour être tout feu tout flamme, pour planer. Pourtant, je restais au sol, éteinte.

Si vous lisez mon blogue, kristenhelmstetter.com, vous connaissez déjà la suite de l'histoire. Mais pour ceux qui viennent juste de me découvrir, eh bien, voici ce qui s'est passé : après sept mois de voyage, je me suis effondrée. J'ai touché le fond, incapable de me concentrer et de m'investir dans une tâche. C'était difficile et effrayant. J'étais comme paralysée.

L'arc-en-ciel ne vient jamais sans la pluie. Cet épisode sombre m'a permis de faire ma plus grande découverte. Celle d'une nouvelle façon de vivre. De vivre mieux ! Et ce n'est pas tout, j'ai découvert une *démarche*... Les résultats en sont presque miraculeux, et tout le monde peut la mettre en œuvre.

Depuis ce temps, j'ai changé du tout au tout et d'une façon extraordinaire. J'ai retrouvé mes esprits, ma concentration, ma lumière intérieure. Aujourd'hui, je plane vraiment, je suis tout feu tout flamme. J'ai déniché le bonheur suprême.

Plusieurs techniques, dont vous trouverez tous les détails sur mon blogue, ont contribué à ma transformation épique. Mais l'une des plus importantes (ou, si vous voulez, l'un des ingrédients principaux pour vivre une vie héroïque), c'est ce que j'appelle mon *petit rituel café.* J'en ai parlé brièvement en ligne, mais il me semblait ne pas avoir fait le tour de la question. C'est pourquoi j'ai écrit le livre que vous avez entre les mains.

Si vous arrivez à illuminer votre vie grâce à l'un des petits trucs que j'offre dans cet ouvrage, vous me ferez un plaisir fou. Ma mère dit toujours : « Si tu tombes ne serait-ce que sur une seule bonne recette dans un livre de cuisine, ça en valait la peine ! » J'espère que vous trouverez dans ces pages au moins une bonne idée qui transformera votre vie… et pourquoi pas dix bonnes idées, tant qu'on y est ? En l'écrivant, je m'étais donné pour objectif de vous aider à vivre une vie plus heureuse, en meilleure santé, et plus héroïque. Voici, voilà ! Le moment est venu de vivre, le bonheur vous attend dès aujourd'hui. En appliquant les conseils et les techniques proposés dans ce livre, vous augmenterez *nécessairement* votre réserve de joie et vous tomberez follement amoureux de votre vie.

Prêt à me rejoindre et à planer, vous aussi ? Vous le méritez bien. Nous le méritons tous !

Avec amour,

Kristen

P.-S. – Je répète certaines choses plusieurs fois dans ce livre… c'est voulu. Comme ça, vous retiendrez les concepts plus aisément et vous ne les oublierez jamais. Non seulement les répétitions aident à apprendre, mais elles donnent aussi le goût de persévérer.

Ceci n'est pas une conversation à sens unique. J'adorerais entendre votre histoire, découvrir ce que vous avez essayé et ce que ça a donné. Vous pouvez m'écrire à :

kristen@kristenhelmstetter.com.

Je suis impatiente d'avoir de vos nouvelles !

PREMIÈRE PARTIE

Rendre sa vie magique grâce au petit rituel café

Chapitre 1

C'EST QUOI, UN PETIT RITUEL CAFÉ ?

Un café + une bonne discussion avec soi-même

Ce rituel quotidien de tout juste cinq minutes changera votre vie. Il augmente l'estime de soi, suscite le bonheur et agit comme un aimant : il attire la vie qu'on a toujours rêvé de mener. Et, très important, il inspire un sentiment de plénitude et de dignité. Et tout ça, dès votre prochaine tasse de café !

Vous n'avez besoin que de deux choses : 1) votre café du matin et 2) une discussion avec vous-même. Si vous n'avez pas l'habitude de vous parler… eh bien, attachez votre ceinture, parce que ça va tout chambouler.

Se parler à soi-même : les bases

Même si c'est la première fois que vous entendez parler de cette habitude, vous l'avez prise il y a bien longtemps. Elle ne date pas d'hier, l'*homo sapiens* s'y adonne probablement depuis qu'il s'est mis à parler. Pour faire court : vous vous parlez à vous-même constamment. Vous savez, la petite voix intérieure, la conversation entre les deux oreilles ? Parfois on se parle à voix haute, d'autres fois en silence. Parfois on s'en rend compte, d'autres fois non... jusqu'à ce qu'on en prenne conscience d'un seul coup. L'objectif de ce livre, c'est de vous aider à en prendre conscience.

En gros, cette conversation intérieure, c'est le commentaire que l'on se fait en permanence sur soi-même et sur les choses qu'on fait. Cela détermine la vision qu'on a de soi et les mots qu'on utilise pour se décrire. Vous trouvez-vous intelligent ? Pas tellement ? Que ce soit l'un ou l'autre, vous vous le dites à vous-même... Vous trouvez-vous chanceux ? Malchanceux ? Même chose, ça fait partie de la discussion intérieure... Voyez-vous chaque situation comme une occasion à saisir ? Ou bien ne voyez-vous jamais d'issue quand vous êtes dans le pétrin ? Ça aussi, vous vous le dites à vous-même... Vous trouvez-vous séduisant ? Pas tellement ? Talentueux ? Nul ? Ce sont toutes des choses que vous vous dites intérieurement !

Comme vous le voyez, cette discussion perpétuelle peut se révéler bonne ou mauvaise, utile ou dangereuse. Une affirmation (c'est-à-dire une chose qu'on pense ou dit comme si elle était vraie) peut être positive ou négative. Tout ce que nous disons ou pensons à propos de nous-mêmes ou de notre vie *devient notre vérité* quand nous l'affirmons, que ce soit positivement ou négativement. En d'autres termes, notre subconscient pense que ce que nous affirmons est la vérité, que ce soit vrai ou non.

Il s'agit donc pour vous d'appliquer une méthode pour convaincre votre subconscient que vous êtes déjà la personne que vous voulez être. Le subconscient ne juge rien, il suit des instructions. Il fait ce qu'on lui dit. C'est aussi simple que ça, mais ça ne veut pas dire que c'est facile pour tout le monde. La plupart d'entre nous ne sont pas habitués à être gentils avec eux-mêmes. D'ici la fin de ce livre, il faudra que ça change. Vous deviendrez votre propre meilleur ami, et c'est comme ça que la magie apparaîtra et que la vraie transformation s'amorcera.

L'humain se parle intérieurement depuis toujours, mais c'est seulement au vingtième siècle qu'on s'est mis à parler de *monologue intérieur*. L'idée que les gens entretiennent un dialogue avec eux-mêmes a été étudiée dès les années 1920. Durant les années 1970 et 1980, il a été porté à l'attention du grand public qu'on peut tenter d'avoir un effet sur son propre cerveau et sur ses comportements en changeant la façon dont on se parle et dont on pense. En conséquence, agir sur son dialogue intérieur est devenu un outil populaire dans la trousse de développement personnel, et tout particulièrement auprès des personnes évoluant dans des environnements où l'exigence de performance est élevée : les cadres supérieurs par exemple, ou les entrepreneurs, les athlètes, les militaires d'élite, et toute cette communauté de gens intéressés par l'optimisation de leur efficacité.

Des millions de gens ordinaires ont aussi entendu parler de cette idée. Vers le milieu des années 1980, le docteur Shad Helmstetter a écrit un livre intitulé *Quoi dire lorsqu'on se parle.* Le livre est devenu un classique du développement personnel écoulé à plus d'un million d'exemplaires, en plus de soixante langues. La notion a poursuivi son chemin dans le monde, propulsée par l'infatigable docteur Helmstetter. En fait, il a passé près de trente ans à écrire des livres, à présenter ses idées partout aux quatre coins de la planète, à donner plus de mille entrevues pour les médias, dont cinq passages à la fameuse émission télévisée d'Oprah Winfrey.

Certaines personnes n'ont jamais entendu parler de l'importance de cette discussion intérieure, mais la culture s'en est imprégnée. Imaginez la réaction qu'on aurait aujourd'hui en entendant quelqu'un dire à son enfant en public : « T'es un bon à rien ! » À nos oreilles modernes, c'est tellement inapproprié qu'on a peine à croire que ce genre de phrase était monnaie courante auparavant. De nos jours, les parents qui osent un tel commentaire sont rares. Ils savent que leurs mots peuvent avoir un effet négatif puissant et prolongé sur leurs enfants. Ce changement de paradigme culturel doit beaucoup au docteur Helmstetter.

Je n'avais jamais entendu parler de ce chercheur avant de rencontrer son fils, Greg, il y a quinze ans. (Greg est mon mari, j'y reviendrai.) Je savais que les choses qu'on se dit à voix haute ou intérieurement comptent. Beaucoup ! En fait, elles comptent tellement qu'il importe de choisir ces mots avec soin. À tout le moins jusqu'à ce que l'habitude soit prise de ne dire que du bien, et rien de dommageable. Au bout d'un moment, cela devient automatique.

Le petit rituel café, c'est ma version personnelle du monologue intérieur. Elle combine une approche classique, c'est-à-dire l'investissement dans l'estime de soi et l'ajustement de ses croyances et de ses comportements, et l'effet que peuvent avoir sur nous des affirmations inspirantes : vos citations préférées tirées de livres, si ça vous dit, des paroles de chansons, toutes autres affirmations qui vous nourrissent ou qui vous transportent. Et bien sûr… un café ! Je suis la preuve vivante que cette combinaison de mots porteurs, de grains torréfiés et de rituel quotidien peut modifier votre humeur, votre comportement et la façon dont vous vous sentez au fond de vous-même, et ce, peu importe ce que vous traversez dans votre vie ces jours-ci.

Quand votre estime de soi est améliorée, tout change dans votre vie. Vous êtes une étoile filante, motivée par la moindre de vos activités quotidiennes. Ce qui vous motive, c'est *la vie* elle-même ! Lorsque votre comportement (et donc, plus précisément, vos habitudes quotidiennes) est en phase avec vos objectifs à long terme et avec vos rêves, tout tombe magiquement en place dans votre vie. Tout s'enchaîne.

Sauf qu'au fond, ce n'est pas de la magie, c'est de la neuroscience. Ce qui n'empêche pas qu'on le ressente comme de la magie.

Je m'adonne à mon petit rituel café pratiquement tous les jours. Ça m'inspire et me rappelle que mes actions doivent correspondre à mon attitude de millionnaire heureuse et sexy (j'y reviendrai). Grâce à cette discussion avec moi-même, tous les jours brillent comme des diamants. Une journée qui aurait été mauvaise devient bonne. Une journée qui s'annonçait déjà bonne devient extraordinaire. Peu importe ce que la vie nous réserve, une bonne discussion avec nous-même le rend meilleur. Ça amplifie ce qui est bien et ça diminue instantanément ce qui l'est moins. Ça fera la différence, je vous le promets.

Le petit *plus* que vous donne cette habitude permettra d'ajouter du bonheur dans votre quotidien, tout en vous rapprochant de vos buts, de vos résolutions et de votre vie de rêve. Attention, cela ne veut pas dire que vous ne rencontrerez plus de défis. C'est plutôt que les défis ordinaires de la vie ne vous feront plus dévier de votre route ni carrément perdre le nord. Ce sera comme pour Neo dans *The Matrix* : quand les balles volent vers lui, il n'a qu'à se pencher pour les éviter sans recevoir la moindre égratignure. Lorsque le monde vous réservera de mauvaises surprises, c'est exactement ce que le petit rituel café vous permettra de faire.

En d'autres termes, la vie peut bien se mettre à vous jouer de sales tours, vous connaissez toutes les parades pour les esquiver, en plus de récupérer comme par magie. C'est ça, être aux commandes. Être le vrai héros de sa propre vie… Réagir comme il faut, avec plus force et de rapidité. Comme ça, on retrouve le bonheur et la sérénité en un tournemain, et on reprend son chemin.

Le petit rituel café peut changer votre vie ! Quel plaisir pour moi de vous accompagner sur cette voie ! Plus loin, je vous offrirai quelques exemples de mes propres rituels, et plusieurs modèles de scénarios pour que vous vous lanciez. On trouvera ensemble le meilleur moment de la journée pour le faire (je ne veux pas gâcher la surprise, mais c'est souvent avec votre tasse de café du matin !). Et vous découvrirez des trucs et des astuces pour vous parler de la meilleure façon possible. Ce sera comme si l'on donnait un petit coup de baguette magique à vos paroles et à vos pensées pour qu'elles fleurissent, qu'elles bonifient votre vie, qu'elles vous rapprochent de vos désirs et de vos objectifs plus vite que jamais. Bien se parler dans la vie, c'est déjà très utile… mais créer un programme quotidien, cela vous permet de prendre de l'avance sur le chemin du succès et du bonheur. Je reviendrai sur toutes ces merveilles sous peu.

C'est comme la pensée positive ?

On peut rapprocher le petit rituel café de la pensée positive, mais ce n'est pas exactement la même chose.

La pensée positive est importante parce qu'il faut que vous considériez les objectifs que vous vous fixez comme atteignables afin d'investir des efforts (ou même de prendre des risques) pour y arriver. Le petit rituel café aide à vous munir de nouvelles et meilleures croyances, tout en renforçant celles qui doivent l'être. En conséquence, vous aurez un point de vue plus positif et constructif sur le monde. Et plus précisément sur ce que vous êtes capable d'accomplir.

Les sceptiques se moquent souvent de la pensée positive en la rapprochant de la pensée magique, ou en la qualifiant d'irréaliste. C'est parfois vrai, par exemple lorsqu'une personne adopte un comportement à risque. Mais il y a une énorme différence entre ce que les gens *pensent* qu'ils peuvent faire et ce qu'ils peuvent *vraiment* faire. On gagnerait tous à prendre un peu plus de risques. La nature humaine a horreur du danger, et sa peur du moindre écueil est souvent plus forte que son désir. Pourtant, ce que l'on considère comme un risque n'est souvent qu'une projection faussée par des appréhensions fabriquées de toutes pièces. Des fantômes, des croquemitaines tirés de nos histoires d'enfance, comme la crainte de l'échec ou la peur de ce que les autres pensent de nous…

Pour la plupart d'entre nous, la pensée positive représente un pas dans la bonne direction afin que nous nous fassions une idée plus réaliste de ce qui est vraiment à notre portée.

Cependant, la pensée positive peut avoir un autre effet négatif : inciter une personne à prétendre qu'un problème réel n'existe pas, ou qu'il disparaîtra sans qu'elle ait besoin de le prendre en charge. Bien sûr qu'on rencontre des problèmes dans la vie ! Se parler quotidiennement, si on s'y prend de la bonne façon, ne revient pas à faire l'autruche ni à émettre un vœu pieux. Bien au contraire… c'est une démarche *proactive*. Le petit rituel café nous outille afin de nous faire bénéficier d'une perspective renouvelée. Il nous donne le pouvoir d'agir pour régler les problèmes. Et bien souvent, il permet de prévenir au lieu de guérir !

L'amour de soi, c'est le narcissisme ?

Non. En fait, c'est quasiment le contraire. Le narcissisme est une admiration excessive de soi-même. L'idée à retenir, ici, c'est l'excès. La manifestation la plus extrême du narcissisme est pathologique. C'est un trouble de la personnalité caractérisé par un égoïsme marqué, un manque d'empathie, un sentiment de supériorité, un besoin d'admiration, une certitude d'être meilleur, plus intelligent et plus méritant que tout le monde.

Pour tout dire... le narcissisme est toujours la conséquence d'une haine de soi très profonde. Pour s'en protéger, l'ego s'élève artificiellement jusqu'à des hauteurs absurdes, et ce, au détriment des autres.

Ceux qui ont vraiment confiance en eux ne se vantent pas, car ils n'en ressentent pas le besoin. Ils n'ont pas non plus une grande soif d'attention. Ils n'espèrent pas avoir raison en tout. Lorsque vous voyez une personne afficher des traits de personnalité narcissiques, ce que vous voyez, au fond, c'est un ego apeuré qui cherche une validation extérieure.

En résumé, le narcissisme se fonde sur la peur.

L'amour de soi, c'est le contraire.

Parmi les affirmations positives qu'on peut utiliser pour le petit rituel café (et donc, dans les modèles de scénarios contenus dans ce livre), bon nombre visent à renforcer l'amour de soi afin qu'il devienne la fondation d'un changement positif et pérenne. Sans amour pour soi, c'est très difficile de croire qu'on mérite de recevoir ce qu'on désire. Inconsciemment, on sabote ses efforts et on abandonne en cours de route.

C'est pour cette raison que les scénarios contenus dans ces pages contiennent un grand nombre de phrases affirmatives visant l'amour et l'affirmation de soi. En voici quelques exemples :

Je suis inspiré et créatif.
Je suis courageux.
Je m'aime.
Je suis magnifique. Je suis magique.
Je suis sexy, rayonnant, resplendissant et délicieux.

Et ainsi de suite.

Ces phrases sont construites spécifiquement pour programmer votre cerveau à s'aimer et à croire en lui. Elles appartiennent à *votre* petit rituel... et pas à ce que vous dites aux autres à longueur de journée ! À moins que vous n'ayez l'intention de montrer aux autres comment bien se parler, ou de promouvoir l'idée de l'amour de soi afin de montrer l'exemple à des amis ou à des êtres aimés. En tout cas, ces phrases ne servent jamais à se vanter. Elles n'ont pas pour objectif d'épater les autres.

Une fois que vous aurez programmé votre cerveau à croire et à ressentir de telles pensées, elles s'intérioriseront et se manifesteront de toutes sortes de façons, quelques-unes détectables pour les gens qui vous entourent, et d'autres pas du tout, parce qu'elles appartiendront à votre état d'esprit secret : serein, heureux, magique. Tout le contraire de l'état d'esprit d'une personne narcissique !

À propos de donner l'exemple aux autres : quand ma famille et moi nous sommes installés pendant six mois chez ma mère, aux États-Unis, au début de l'épidémie de coronavirus, c'était crucial pour moi de ne pas perdre mes habitudes, de persévérer avec mon petit rituel et de poursuivre mon travail sur moi, et ce, même si nous étions en visite. Pour ce faire, une de mes techniques préférées est d'écrire une poignée d'affirmations positives sur des Post-it, une par petit carré de couleur. J'en écris environ vingt et j'en colle trois ou quatre sur le miroir de la salle de bain. Chaque jour, je fais une rotation.

Comme, chez ma mère, nous partagions la salle de bain, je lui ai raconté ce que je faisais avec tout ce bazar. Elle a sans doute pensé que c'était bizarre, mais je lui ai expliqué l'importance de mon petit rituel, et comment il avait contribué à mon succès et à mon bonheur. Elle s'est montrée encourageante, comme toujours. Mais en fait, en collant les petites notes sur le miroir, je m'arrangeais secrètement pour qu'elle les lise, elle aussi !

Ça ne m'aurait pas du tout dérangée que d'autres visiteurs les lisent, d'ailleurs (mais il n'y en avait jamais pendant le confinement !). En fait, j'aurais aimé ça. Les messages sur le miroir m'auraient permis de faire connaître au monde une démarche qui avait changé ma vie et qui pourrait changer la leur aussi. Si c'est vraiment l'amour qui en est la source, manifester son amour de soi, que ce soit en public ou en privé, c'est une bonne chose.

Et devinez quoi ? Ma mère s'est mise à écrire ses propres petites phrases, qu'elle a collées près des miennes sur le miroir !

Se donner des instructions, ou se motiver ?

On peut se mettre à se parler consciemment pour deux raisons. La première, c'est pour se donner des instructions.

Les athlètes et les artistes le font souvent. Par exemple, au moment de jauger sa balle, une golfeuse se donne une série d'instructions et commente intérieurement la situation afin d'améliorer sa performance. Bon nombre de joueurs de basketball ont leur petit discours intérieur tout prêt en cas de lancer franc. Certains acteurs ont une routine semblable avant de monter sur scène.

Cette habitude est vraiment efficace pour les athlètes et les artistes, parce qu'elle améliore la précision technique, la concentration et l'exécution. Les mots activent une série de connexions neuronales et physiologiques créées à force de répétition, par d'innombrables heures d'entraînement. Ainsi, ils atteignent *la zone* et se mettent *à la bonne fréquence*. Cette façon de se parler à soi-même aide à se concentrer sur le moment présent et à ne pas être distrait par les erreurs passées, ou par la peur d'en commettre de nouvelles.

La deuxième raison de se parler à soi-même, celle dont traite ce livre, c'est pour se donner une bonne dose de motivation. Bien se parler nourrit l'estime de soi, augmente l'implication aussi bien que l'effort et suscite l'état d'esprit idéal ou optimal. En conséquence, vous aurez plus de facilité à réaliser vos rêves, et ce, en ayant le sentiment que rien ne peut se dresser sur votre route. Plus précisément, l'approche motivationnelle vous aidera à atteindre vos objectifs, qu'ils soient personnels ou professionnels, mesurés ou ambitieux. Elle peut vous aider à guérir et à rester en meilleure santé, ou donner un coup de pouce à vos finances, ou encore faciliter la rencontre d'une personne avec qui partager votre vie ! Il n'y a aucune limite aux répercussions positives que peut avoir le petit rituel café.

Dans ce livre, je vous montrerai comment créer votre propre scénario pour vous insuffler une énergie contagieuse, et comment l'utiliser pour concevoir et vivre la MEILLEURE vie possible, une vie *absolument magique.*

Tout ce que vous vous dites de bien ou de mal vous affecte ici et maintenant

Se parler peut avoir toutes sortes de conséquences, comme je l'ai déjà mentionné. Bonnes ou mauvaises. Alors, prenez garde à ce que vous vous dites, tellement ça peut être puissant. Les mots que vous pensez et que vous vous adressez, bons ou mauvais, participeront *réellement* à façonner votre vie. Le pouvoir de choisir votre vie est entre vos mains, ou plutôt dans votre cerveau et dans votre bouche. Une bonne discussion intérieure, c'est le fondement d'une bonne vie. Une mauvaise discussion intérieure est un passeport direct pour une vie maussade. C'est aussi simple que ça.

Comment savoir qu'on ne se parle pas comme il faut ? C'est facile… Si vous pensez ou dites quelque chose à propos de votre vie ou de vous-même qui n'est pas inspirant, vous tombez dans le piège. Si vous vous plaignez ou critiquez une chose ou une personne, vous ne vous parlez pas de la bonne façon. Vous vous dites ne pas aimer la taille de vos cuisses ? Mauvaise piste. Votre voiture vous décourage et vous vous en plaignez ? Pas mieux. Vous estimez que vous ne méritez pas une augmentation ? Vous ne vous parlez vraiment pas comme il faut ! Vous croyez ne pas mériter l'amour d'une personne extraordinaire ? Là, votre discussion intérieure est carrément dans un cul-de-sac.

Avoir une bonne discussion intérieure, c'est sentir un vent de pensées scintillantes et agréables valser dans votre cerveau et débouler jusqu'à vos lèvres. Réjouissantes, énergisantes, ces pensées vous procurent du bonheur lorsqu'elles vous traversent l'esprit ou que vous les prononcez à voix haute. Lorsque vous vous félicitez après avoir fait du bon travail… lorsque vous trouvez que vous avez belle allure… lorsque vous vous convainquez que vous avez le talent et le courage de chercher à atteindre ce que vous voulez vraiment… là, vous vous parlez comme il faut. Les mots qui vous requinquent, ceux grâce auxquels vous vous sentez inspiré, à la hauteur, authentique, ceux-là garantissent une discussion intérieure formidable.

Maintenant que vous connaissez la différence, le moment est venu de reconnaître que toute discussion intérieure, qu'elle soit bonne ou mauvaise, relève du *choix*. Et ce choix vous revient. Vous *choisissez* de vous parler positivement ou négativement.

Que choisissez-vous ?

Il n'y a plus de secret à présent. Votre cerveau possède toutes les clefs. Le pouvoir est entre vos mains. Vous pouvez en faire ce que vous voulez.

La question à laquelle nous devons répondre, vous et moi, c'est : comment utiliser ce pouvoir que nous savons désormais être en notre possession ? Réfléchissez-y un moment. Fermez les yeux et tentez de ressentir cette puissance en vous.

DONNEZ VIE À VOS RÊVES,
DONNEZ DES AILES À VOS PROJETS,
DONNEZ-VOUS LA LUMIÈRE
QU'IL FAUT POUR TROUVER
VOTRE VOIE.

SHAD HELMSTETTER

Tout ça semble assez facile, non ? À compter de maintenant, je vais bien me parler ! Mais ce n'est pas facile pour tout le monde. Soyez sans crainte, on va couvrir tout ça. Se dire des choses gentilles et parler en bien de soi, c'est une habitude difficile à prendre pour certains, et encore plus pour ceux qui n'ont pas une très bonne estime de soi. Les mots peuvent être carrément difficiles à prononcer, tellement ils détonnent avec ce qu'on pense de soi-même.

Mais je vous le promets, une fois qu'on s'y est mis, ça devient vraiment facile. *Et amusant !*

Prenez un moment pour penser à la dernière fois que vous vous êtes vu dans le miroir. Qu'avez-vous pensé et que vous êtes-vous dit ? En vous habillant, en vous brossant les dents ce matin, avez-vous ressenti de l'amour pour vous-même, pour votre corps ? Si c'est le cas, génial, tope-là ! Continuez comme ça et vous traverserez une journée motivante et pleine d'occasions à saisir. Vous vous emparerez du petit rituel café avec délectation, j'en suis sûre !

Par contre, tout n'était peut-être pas si rose. Est-ce que votre discussion avec vous-même était négative ? Vous êtes-vous critiqué ? Si oui, vous avez créé de l'énergie négative qui vous collera à la peau toute la journée, comme Pig-Pen, dans la bande dessinée *Snoopy*, poursuivi sans relâche par un nuage de poussière et de bestioles.

Peut-être même ne vous êtes-vous pas accordé d'attention du tout, peut-être vous êtes-vous brossé les dents en mode pilote automatique, dans la lune ? C'est une voie neutre, mais quand même, vous avez raté une belle occasion. Dans tous les cas, ne vous en faites pas, ce n'est pas grave. Enfin si, c'est grave, mais c'est *normal*… Ce que je veux dire, c'est de ne pas vous inquiéter : on va arranger ça. J'arrive à la rescousse, armée de paroles saines et de bon café ! Se parler, ça peut créer un nouveau vous, une nouvelle personnalité, n'est-ce pas déjà bien stimulant ?

Comment bien s'y prendre

Bonne nouvelle : bien se parler, c'est simplement choisir les meilleures pensées, les plus positives et motivantes, le plus souvent possible. Ce que vous vous dites a un effet puissant sur vous ! C'est un outil épatant pour attirer l'abondance dans votre vie. Il faut simplement en prendre l'habitude, et la façon la plus facile de le faire, c'est de mettre en pratique la démarche présentée dans ce livre. Changez la façon dont vous vous parlez et vous changerez votre vie.

Si vous voulez avoir une santé de fer, parlez-vous de saines habitudes. Si vous souhaitez gagner plus d'argent, parlez-vous de prospérité. S'il vous faut retrouver confiance en vous, parlez-vous de votre débrouillardise. Peu importe ce que vous désirez améliorer ou changer, bien vous en parler accélérera les choses prodigieusement.

Tout commence avec vos mots, vos pensées, vos sentiments et votre langage… la façon dont vous vous parlez, en somme. Gagner plus d'argent, c'est sentir qu'on a une plus grande valeur. Si, au fond, vous n'êtes pas vraiment convaincu de votre valeur, vous pouvez arranger ça grâce à une bonne discussion. Pour développer une santé robuste, ça aide de se sentir bien dans sa peau. On peut se programmer à se sentir mieux en utilisant de meilleurs mots pour décrire son esprit, son corps, sa santé et ses habitudes. Tout commence par la façon dont on se parle. Ce n'est pas seulement le point de départ, c'est aussi le meilleur moyen d'atteindre ses objectifs.

Bonifier sa discussion intérieure, c'est aussi simple que de se dire : « Je suis vraiment productif et j'ai du talent pour écrire. » Ou, quand quelqu'un vous demande : « Salut, comment ça va ? », vous pouvez lui renvoyer une réponse de feu comme : « Ça va super bien ! » ou « Je me sens en pleine forme ! ».

Au début, peut-être aurez-vous l'impression que c'est un peu bizarre. Exagéré, affecté… voire carrément bête ou étrange. Mais ce n'est pas vrai ! Je vous jure que cela deviendra amusant dès que vous en aurez pris l'habitude, et d'autant plus quand vous vous mettrez à observer les réactions des gens. J'adore lorsque quelqu'un me demande comment je vais et s'attend à l'habituel : « Ça va bien », mais qu'au lieu de ça, il reçoit un : «Ça va super bien ! », voire un : « Je pète le feu ! ». C'est drôle de voir la stupéfaction sur le visage des gens. Une fois le choc passé, ils ont du mal à ne pas répondre avec une pointe d'admiration : « Waouh, eh bien, c'est super... »

Une fois que vous ne trouverez plus cela étrange, ce sera normal pour vous de répondre de la sorte. Vous serez bien à l'aise de le faire. Et d'ailleurs, si jamais, un jour ou l'autre, vous ne répondiez pas par une affirmation forte et positive, vous auriez l'impression que quelque chose cloche. Mais d'ici là, le temps de vous y faire, les affirmations positives sonneront un peu déplacées dans votre bouche, alors sachez que *vous n'avez pas besoin d'y croire absolument dès le départ*. Vous finirez par y arriver ! C'est la magie de cette démarche.

Vous allez faire un beau ménage dans les connexions de votre cerveau, et ce, automatiquement, simplement en utilisant les bons mots. On est fait comme ça. En réalité, votre humeur d'aujourd'hui, qu'elle soit bonne ou mauvaise, est le résultat de la façon dont les mots que vous avez reçus par le passé, que ce soit de la part de vos parents, de vos enseignants, de vos amis, de la télévision, des réseaux sociaux, etc., ont programmé votre cerveau. Et surtout, les mots que vous vous êtes dits ou que vous avez pensés au sujet de vous-même.

Quand vous vous dites : « Je suis… en bonne santé, génial, puissant, sûr de moi, etc. », vous donnez des instructions à votre cerveau pour qu'il en fasse l'expérience. Votre vie se déplace dans cette direction, elle vous met sur le chemin d'un nouveau destin, celui que vous aurez imaginé. (Le mot *destin* signifie littéralement *destination.*) C'est très facile. Dans quelques pages, nous aborderons les techniques pour écrire un scénario, et nous expliquerons les avantages de les prononcer à voix haute avec un café.

Bonifier la façon dont vous vous parlez réinitialise vos programmes actuels, optimise le panneau de contrôle de votre cerveau afin que vos comportements et vos actions se mettent à refléter la façon dont vous voulez vraiment vivre. Si, par le passé, vous ne vous êtes pas parlé comme il faut, pas d'inquiétude. On peut faire des changements à tout moment. Ce pouvoir est entre vos mains dès aujourd'hui. Ici et maintenant.

Ce livre est un outil et la façon dont vous vous engagez à suivre le programme facile qu'il détaille déterminera votre succès. Souvenez-vous, vous êtes libre d'avoir *à tout moment* des pensées motivantes et puissantes… ou pas. Le choix vous revient. Le moindre choix est donc une occasion de changer.

Tant qu'on y est… comment vous parlez-vous ces jours-ci ?

Quand j'ai pris le temps d'écouter ce que je me disais à moi-même, j'ai été sous le choc. Le moment m'a marquée. Je pensais que je me parlais de la bonne façon, mais, oh non, j'étais loin du compte ! En fait, ça n'allait pas du tout.

Lorsque j'ai compris que tout ce qu'on dit est une affirmation qui peut être positive ou négative, et qu'on participe comme ça à façonner sa propre réalité, j'ai pris le temps de bien observer ce que je me disais au jour le jour. Chaque mot, chaque pensée.

J'avais l'impression que je pensais toutes sortes de choses positives à propos de moi-même, mais j'ai eu la surprise de me rendre compte que mes pensées étaient souvent très négatives. J'étais très dure avec moi-même, et s'il fallait en faire le décompte, je me disais bien plus de choses négatives que de positives sur moi-même et sur le monde. Et je ratissais large… un cheveu gris, des rides, des vêtements mal choisis, la nourriture que je mangeais, mes finances, mon niveau d'énergie, les choses qui m'arrivaient, mon entourage, etc.

Même si j'étais une personne assez positive (enfin, c'est ce que je croyais), je m'arrangeais visiblement pour trouver une bonne quantité de raisons de me plaindre. Même si c'étaient de toutes petites plaintes, elles grignotaient peu à peu mon estime de moi, ma santé et ma vie en général. Et je n'en savais rien ! C'est assez sournois, en fait. Vous voyez, je me disais juste assez de bonnes choses pour que les choses négatives ne viennent pas tout gâcher. En somme, je me parlais *juste assez bien* pour ne pas me rendre compte que je me parlais au fond assez mal. Je ne me rendais pas compte que les choses pouvaient aller bien mieux.

Disons par exemple qu'au fil d'une journée typique, je me disais trente-sept choses négatives et soixante-trois choses positives. Le positif l'emportait, de sorte que je me sentais assez bien pour que ce que je me disais de mal ne me fasse pas souhaiter de changement. Sauf qu'une seule de ces pensées négatives peut affecter le cerveau en mal, à court terme et à long terme… *une seule* ! Je ne me rendais pas compte que *la moindre pensée négative* participait à m'éteindre, même si son effet était limité. En additionnant tout ça, on arrive à des conséquences désastreuses. On passe à côté de ce que la vie nous offre, comme si le courant venait à manquer à cause d'une panne. Ou comme un tour de magie : l'occasion était là, et pouf, disparue ! Se parler négativement a vraiment un effet très puissant, et ce n'est pas comme ça qu'il faut vivre. Vous n'avez pas été conçu pour ça.

L'expérience m'a ouvert les yeux. Ce moment d'introspection m'a fait l'effet d'une révélation, c'était un moment doux et triste à la fois. Je constatais à quel point je me traitais mal depuis toutes ces années. J'ai même eu un petit deuil à faire en découvrant à quel point j'avais étouffé ma vie en la plongeant dans une obscurité inutile et dommageable. Mais c'était aussi incroyablement encourageant, parce que tant de choses pouvaient être améliorées.

J'avais à présent des tonnes d'occasions à saisir pour me reprendre en main. Cette révélation m'a donné le feu sacré, et je me suis engagée à changer ma vie, à me débarrasser des pensées négatives et à TOUTES les remplacer par des mots positifs. Et par *toutes*, j'entends *chacune d'entre elles*. Un tel changement représente un sacré défi. Parce qu'en vérité, on n'a pas besoin de pensées négatives *du tout. Nessuna. Not even one.* En fait, la moindre pensée négative, si petite soit-elle, coûte quelque chose. C'est une torture à petit feu : même si cela ne tue personne d'un seul coup, c'est dommageable à long terme.

Comme vous le voyez, ce que vous vous dites n'est pas simplement important pour votre estime de vous-même, cela affecte tous les aspects de votre vie, à commencer par la santé, qui y réagit au quart de tour. Quand vous vous parlez positivement, c'est comme si vous dotiez votre corps des pouvoirs de guérison d'une vitamine ultra-nourrissante et super-protectrice. Il n'y a rien de mystique là-dedans, d'ailleurs, même si les mots que j'utilise pour en parler peuvent le suggérer.

Une bonne discussion avec soi-même fait se sentir mieux, et quand on se sent mieux, le système endocrinien sécrète moins d'hormones de stress. À long terme, il n'y a que des bénéfices là-dedans, puisque les effets du stress chronique sont littéralement mortels. Subir moins de stress augmente la rapidité de guérison du corps ! Pour le dire avec poésie, en vous parlant avec amour, vous immergerez vos cellules dans le bain nourricier d'un élixir scintillant. Imaginez toute cette beauté !

Prenez les choses en main : soyez responsable de votre vie dès maintenant

En devenant moins perméable aux actions des autres et aux circonstances, vous vous octroyez un pouvoir prodigieux.

Comme ce que vous pensez de vous-même devient la vérité pour votre cerveau, votre monologue intérieur revêt une importance capitale. Votre vérité devient votre vie, votre destin. En fait, les mots que vous vous adressez font la différence entre une bonne journée, une journée ordinaire et une journée pourrie. Pensez-y : votre humeur actuelle est le résultat de ce que vous avez pensé à votre sujet ce matin, hier, la semaine dernière, le mois dernier.

C'est pareil pour tout le monde : il faut mettre en œuvre ce changement soi-même. Votre vie ne s'améliorera pas si vous n'y mettez pas du vôtre. La bonne nouvelle, c'est que vous avez déjà en vous tout ce qu'il vous faut. La balle est dans votre camp ici et maintenant. Vous trouverez votre propre source de bonheur et de succès (ou votre geyser, pourquoi pas !) directement en vous-même. C'est simplement que la plupart d'entre nous ne savent pas qu'ils disposent de ce pouvoir.

Ça sonne trop beau pour être vrai ? Pourtant, ça ne l'est pas ! On est faits pour vivre comme ça. Imaginez que vous êtes devant une porte. Elle est fermée. De l'autre côté se trouve une vie extraordinaire baignée de lumière, d'amour, de confiance en soi, d'aventures, d'étoiles filantes, de rêves devenus réalité. Vous avez la main sur la poignée. Pour ouvrir la porte, il suffit de penser que vous en êtes capable. Un truc de Jedi… Vous le faites : vous vous offrez des pensées positives et motivantes. La poignée se change en or, elle brille, chaude et étincelante grâce à l'énergie que vous lui transférez. Tandis que vous vous sentez inspiré par vos pensées, la poignée tourne. Très facilement. Vous ouvrez la porte et vous la franchissez, pour être la personne que vous avez toujours voulu être. C'est vous ! La porte était là depuis toujours, attendant que vous vous décidiez.

LA VIE COULE DE L'INTÉRIEUR
VERS L'EXTÉRIEUR.
UN CHANGEMENT INTÉRIEUR
ENTRAÎNE UN CHANGEMENT
DE LA VIE EXTÉRIEURE.

KAMAL RAVIKANT

CHAPITRE 2

LE PETIT RITUEL CAFÉ

La version courte

Les étapes sont simples :

1. Faites-vous une tasse de café (ou de thé, d'eau, de ce que vous aimez) chaque jour.
2. Asseyez-vous et dégustez-la (délectez-vous de ses arômes) en remplissant votre cerveau d'affirmations (c'est-à-dire les mots que vous vous dites) inspirantes.
3. Pour de meilleurs résultats, faites-le à voix haute.

C'est tout.

Les phrases suivantes viennent du scénario que j'utilise moi-même et que je vous présenterai au chapitre 5 :

J'aime la vie. J'aime ma vie. ***Je m'aime !***
Je bénis tout ce qui compose ma vie en ce moment.

Mon café, ma chaise, mon lit, ma famille, mes amis, toute ma vie.

Je suis une personne extraordinaire parce que ***je suis attentionné,*** *beau et généreux.*

La vie est pleine d'occasions à saisir à tout instant.

Je me lance !

J'aime cette journée parce que j'en suis responsable.

J'en fais ce que je veux ! Je suis puissant.

Je suis motivé ici et maintenant parce que je prends soin de ***moi****. Je mérite de prendre ce temps pour préparer ma journée et en faire la meilleure journée du monde.*

Je passe une excellente journée aujourd'hui ! *J'ai un sourire radieux, j'ai envie de vivre ce qui m'attend minute par minute.*

J'attire le succès, la prospérité, l'abondance et tout ce que je désire.

J'abandonne toutes mes peurs dès maintenant. Hop !

À compter d'aujourd'hui et pour le reste de ma vie, je suis responsable de mon succès. Je suis une personne qui sait ce qu'elle veut.

J'ADORE me sentir si bien ! Youpi !

Ces pensées et ces sentiments sont des instructions données à votre cerveau et à votre corps, une sorte de modèle pour faire de meilleurs choix, moins d'erreurs, pour se sentir plus fort émotionnellement et pour aimer sa vie comme on n'aurait jamais cru que c'était possible.

Les résultats sont instantanés ! La résistance est naturelle au début : vous vous sentirez probablement bizarre de dire ce genre de choses tout haut. Dans tous les cas, à force de répéter votre scénario, vous vous mettrez à changer en deux à trois semaines. Et on parle d'un changement *marqué*. Une nouvelle personne émergera, rien de moins. La métamorphose sera épatante. Grâce à ce que vous vous direz, votre cerveau se mettra carrément à réinitialiser ses connexions. (J'y reviendrai.)

Pourquoi un café ?

L'approche classique de la pensée motivationnelle n'inclut jamais un délicieux café bien chaud. (Ou, je le répète, toute autre boisson de votre choix. Dorénavant, chaque fois que j'écris *café*, remplacez le mot par votre petit plaisir à vous.)

Cependant, associer cette technique avec votre café du matin a les bénéfices suivants :

1. Ritualité

Lorsque vous transformez un comportement en rituel, vous lui donnez une signification spéciale. Vous lui accordez plus d'importance et vous le prenez plus au sérieux. Plus c'est cérémoniel, mieux c'est. Et parce qu'on répète un rituel, il s'automatise : c'est ainsi qu'on prend une habitude. (Pour en savoir plus sur les habitudes, rendez-vous au chapitre 13.)

2. Fiabilité

Aucun risque que vous n'oubliiez votre café du matin. Quand on réussit quelque chose, quatre-vingt-dix pour cent du temps, c'est parce qu'on l'a répété assez souvent pour que ça fonctionne. Que ce soit de l'exercice physique, un régime, un plan pour ses finances, un parcours professionnel… tout ce qui compte, c'est la persévérance. En associant votre discussion avec vous-même à un élément incontournable de votre routine, imaginez les bénéfices à long terme que vous obtiendrez pour votre bien-être et votre succès !

3. Modalité multisensorielle
Associer votre rituel de discussion intérieure à la consommation d'un café connectera dans votre cerveau les mots que vous vous adressez à l'expérience sensorielle et physiologique de boire un élixir chaud et délicieux. Et si votre boisson favorite contient de la caféine, un stimulant nootropique, ce bénéfice s'ajoutera à ceux des affirmations inspirantes. En d'autres mots, votre cerveau sera plus attentif à ce que vous dites. Sans compter que chaque café que vous prendrez vous mettra dans un état mental optimal, celui qui vous rend puissant et débrouillard, comme le chien de Pavlov quand il entend la cloche du repas.

4. Plaisir
On s'entend, le café, c'est délicieux !

Pourquoi ce rituel fait-il aimer la vie ?
Parce que si vos pensées changent, votre cerveau, votre concentration et votre réalité changent aussi. Grâce à vos pensées positives, certains choix que vous n'auriez auparavant pas envisagés s'offrent à vous, et ceux-ci vous donnent

accès à des comportements différents. Une fois vos comportements changés pour le mieux, des expériences nouvelles et de nouvelles émotions se rendent disponibles. Et boum ! Bienvenue à un vous-même inédit.

J'ai utilisé le petit rituel café (entre autres outils) pour apporter d'importants changements à ma vie. Ainsi, tous les jours, au moment où je commence la journée avec mon café, je me donne le pouvoir d'agir et de réaliser mes rêves en réinventant ma perspective sur le monde.

Et si le café était un élixir mystérieux et magique qui vous donnait le superpouvoir de croire totalement en vous ? Je sais… ça paraît idiot ainsi formulé, mais suivez mon raisonnement. Si ça semble idiot, c'est simplement parce que le café n'a pas ce pouvoir *en lui-même*. Mais une discussion avec vous-même, si !

En combinant les deux, vous les associez dans votre cerveau. Boire un café tandis que vous vous parlez et répéter ce rituel tous les jours connecte les *bénéfices* d'une bonne discussion avec vous-même à l'*expérience sensorielle* du délicieux café.

Saviez-vous que les rats exposés à des radiations (au point d'en tomber malades) après avoir mangé une certaine nourriture tomberont malades à nouveau s'ils mangent une nourriture de même saveur, et ce, même s'ils ne sont soumis à aucune nouvelle radiation ? Le cerveau a souvent ce genre de comportement dément ! Il rend les choses vraies.

En adoptant le petit rituel café, vous mettrez cette caractéristique bizarre de votre cerveau à profit pour activer votre état mental optimal, et ce, à volonté. Chaque matin… ou plusieurs fois par jour !

En plus, vous vous sentirez très bien tout de suite. Aucune attente nécessaire. L'effet est immédiat. Quand vous vous parlez, les choses s'améliorent sur-le-champ. Alors, même s'il y a d'alléchants bénéfices à long terme à cette habitude (comme inviter davantage d'abondance dans votre vie en général), vous ressentirez aussi plus de bonheur chaque fois que vous prononcerez les premiers mots de votre petit rituel. Votre cerveau fonctionne ainsi. Comme votre niveau d'énergie augmentera (et pas seulement grâce à la caféine !), vous aurez l'énergie d'une superstar pour faire de votre journée une réussite.

Autrement dit, si vous vous sentez mal ou déprimé, si votre âme est léthargique, il vous sera impossible de rester dans cet état après le petit rituel café. Je ne dis pas que vous passerez de 0 à 10 sur l'échelle de la motivation chaque fois (même si pour moi et pour beaucoup d'autres, c'est exactement le résultat), mais vous irez dans la bonne direction. Et un objet en mouvement tend à rester en mouvement.

Lorsque vous lisez ou dites des phrases affirmatives inspirantes, il est très difficile de ne pas voir le ciel gris s'éclaircir. Toute amélioration est bénéfique : passer de 0 à 3, ou même de 0 à 1, c'est mieux que rien. Et chaque rituel fera une différence. Avec le temps, parce que vous aurez entraîné votre cerveau en ce sens, la différence que causera le petit rituel sera aussi nette que le fait d'appuyer sur un interrupteur. De 0 à 10 en un clic !

Comment est née l'idée de se parler en buvant son café ?

Dans ma jeune vingtaine, j'ai expérimenté avec de petits discours motivationnels. Je me mettais devant le miroir et je m'exerçais à me parler en choisissant des mots et des pensées qui font du bien. Mais à l'époque, je ne savais pas qu'il y avait un nom pour ça !

Un jour, au golf, je me suis mise à parler à la balle et à me donner des instructions motivantes, cochant tous les éléments sur ma liste pour m'encourager avant de prendre mon élan arrière. Je suis aussi devenue une adepte des discours motivationnels avant les entrevues d'embauche. Cela s'est avéré utile pour augmenter mon estime de moi et pour afficher le genre de confiance propre aux gens tout à fait détendus.

Tout ça pour dire que je n'étais pas étrangère à l'idée. Mais il m'a fallu rencontrer mon mari pour apprendre que se parler à soi-même… était une technique éprouvée. Comment avais-je pu l'ignorer ? J'étais une grande admiratrice de Tony Robbins, lui-même ardent défenseur du développement personnel. Comment le bel homme que je venais de rencontrer (et qui est devenu mon mari) avait-il entendu parler de cette chose si intéressante ? Nous étions faits pour être ensemble…

Figurez-vous que son père, Shad Helmstetter, devenu mon beau-père, est reconnu par beaucoup comme le père de la technique, car il a travaillé toute sa vie à la faire connaître. Il se trouve que mon mari en avait donc *un tout petit peu* entendu parler !

Visiteuse assidue de la section développement personnel des librairies, je croyais avoir une vision positive de la plupart des aspects de ma vie. À chaque défi ou problème rencontré, je gageais qu'il existait une solution quelque part, même si je ne savais pas encore ce que c'était. Je croyais que le temps vient à bout de tous les maux, que les gens sont fondamentalement bons, que le soleil vient après la pluie, que les échecs rendent plus fort, et ainsi de suite.

Or, je n'étais investie dans aucune démarche à proprement parler. Je savais qu'il valait mieux penser de bonnes choses que de mauvaises choses. Mais comme mon approche n'était pas consciente ni organisée, et que je n'avais aucun programme, il me fallait plus de temps pour me relever après une chute, une situation difficile ou un échec. Mon attitude généralement optimiste me permettait de rebondir, mais… mon Dieu que ç'aurait pu aller plus vite ! Et d'ailleurs, j'aurais pu m'épargner de nombreuses chutes si je m'étais mieux préparée. Sachant ce que je sais à présent, je peux affirmer que la vie est infiniment meilleure avec le petit rituel café. Et tellement *plus facile.*

Voilà la promesse de cette technique. Si vous vous parlez régulièrement (et bien sûr, le truc c'est d'en faire une habitude, et une habitude *quotidienne*, comme votre tasse de café), eh bien, vous vivrez une vie extraordinaire et aurez un sentiment de bien-être quasi permanent. Votre cerveau se reprogrammera pour se sentir super bien et vous serez une nouvelle personne.

Le truc, c'est de trouver le bon moment pour le faire régulièrement. Je veux dire, honnêtement, il y a mille occasions de se parler dans une journée. En marchant de la cuisine jusqu'à la chambre, en faisant pipi, en se lavant les dents, en conduisant, en cuisinant… toutes les occasions sont bonnes pour vous ressourcer auprès de votre petite voix intérieure et ainsi en tirer un surcroît de motivation.

Cependant, si vous le faites en buvant votre café du matin, vous ne sauterez jamais le moindre jour. Cela deviendra une habitude solide, d'une régularité absolue, parce qu'aucun amateur de café qui se respecte ne saute son café du matin ! En associant les deux activités, boire un café et vous parler en bien, vous en prendrez l'habitude *automatiquement.*

L'UN DES PLUS BEAUX CADEAUX QUE L'ON PUISSE FAIRE À SON SUBCONSCIENT, C'EST SANS CONTESTE DE SE PARLER RÉGULIÈREMENT EN BIEN.

EDMOND MBIAKA

Ce n'est pas tout. Quand vient le temps de m'y mettre, je ne me contente pas de penser des choses positives génériques (du genre arc-en-ciel ou journée à la mer) entre deux gorgées. Oh que non ! C'est bien plus planifié que ça. Afin de faciliter l'implantation des affirmations positives et d'obtenir un méga-succès, j'ai d'abord élaboré tout un scénario, prêt à lire…

Les bases du petit rituel café

1. Munissez-vous de papier et d'un crayon, ou d'un journal, de votre ordinateur, de votre téléphone équipé d'une application comme Evernote ou Notes. (J'utilise pour ma part Notes sur mon iPhone.)
2. Écrivez quinze ou vingt choses formidables à votre sujet. Employez la première personne du singulier et le temps présent. Par exemple : *Je suis une millionnaire heureuse et sexy.* (Je dis ça même si je ne le suis pas encore tout à fait. Mais parler du futur comme s'il était déjà présent, c'est *très* important.) Ces quinze à vingt phrases constituent votre scénario, soit le cœur de votre rituel. Elles peuvent inclure vos propres affirmations du tonnerre, des paroles de chansons qui vous énergisent, des citations inspirantes que vous réécrivez à la première personne, etc. Vous les utiliserez chaque jour et vous pouvez en changer aussi souvent que vous le voulez.
3. Au réveil, prenez votre tasse de café et dégustez-la en lisant plusieurs fois votre petit assemblage de phrases.

Une gorgée, et on recommence… jusqu'à ce que votre tasse soit vide. Le mieux, c'est de lire votre scénario à haute voix, quitte à chuchoter. Pour que cela devienne un vrai rituel, il faut le faire chaque matin.

4. Profitez de la formidable journée que VOUS venez de fabriquer !

Voilà les bases. En poursuivant votre lecture, vous apprendrez pourquoi cette méthode est si puissante et comment donner à votre petit rituel la puissance turbo.

Lier ses habitudes les unes aux autres

Un jour, alors que j'écoutais la version audio du livre de James Clear, *Un rien peut tout changer ! Micro-actions, méga impact…*, je me suis rendu compte qu'en m'adonnant à mon petit rituel café, j'avais mis un de ses trucs en pratique, soit celui de lier ses habitudes les unes aux autres. C'est grâce à ce tour de passe-passe que le petit rituel est si efficace. On prend une habitude positive (se parler à soi-même) et on l'associe à une autre qu'on aime déjà faire (boire du café). En conséquence, on gère plus facilement son temps et on profite des avantages de cette association.

Dans mon cas, en combinant la lecture de mon scénario à mon café du matin, que j'allais boire de toute façon (parce que j'adore ça !), je n'ai pas eu besoin d'investir beaucoup d'efforts pour créer une habitude durable d'une puissance mégasupergigantesque. Si j'avais essayé de l'instaurer sans mon café, difficile de dire que j'aurais tenu le coup. Peut-être que oui, peut-être que non. Mais à présent, ma tasse de café quotidienne regorge d'affirmations rayonnantes qui donnent sens à mes jours. Bizarrement, j'apprécie encore plus mon café qu'avant ! Alors, faites le plein d'énergie et connectez une de vos vieilles habitudes les plus agréables à un nouveau comportement que vous aimeriez adopter, et le tour est joué.

Heureusement, vous disposez *déjà* du temps nécessaire pour entreprendre la démarche que je vous propose… vous buvez une tasse de café. À présent, vous tirerez mieux profit de votre temps et vous lui donnerez un surcroît de sens. Intentionnellement. Au lieu de boire votre café en naviguant une fois encore sur les réseaux sociaux ou en parcourant vos messages électroniques pour une énième fois, faites quelque chose qui augmentera à coup sûr votre bonheur et votre efficacité, et ce, en quelques minutes !

En rester aux vieilles habitudes comme les réseaux sociaux renforce l'ancien vous-même. L'objectif final, ici, c'est une véritable *transformation*. Une vie pleine d'abondance et de bonheur vous attend, mais pour devenir *une nouvelle personne*, il vous faut mettre en place de nouvelles habitudes, comme ce petit rituel. Alors, au lieu de vous lancer dès les premières minutes de la journée dans des activités de consommation, élevez-vous et accordez-vous tout le pouvoir nécessaire en vous parlant de façon positive. Dès le réveil, devenez un *créateur* grâce à la puissance de vos mots, et voyez à quel point votre vie changera.

Afin qu'une nouvelle habitude s'implante pour de bon, il faut garder quelques éléments en tête. Pour commencer, il faut que vous *croyiez* que cette nouvelle habitude est désirable et, donc, que vous l'envisagiez comme une bonne chose. Pas parce que d'autres en font la promotion, mais parce qu'elle résonne en vous. Lui donner un sens positif et être bien convaincu qu'elle vous apporte des bénéfices mettra votre volonté en phase avec vos objectifs. Quand c'est chose faite, notre résistance s'évapore et le succès vient plus rapidement.

Pour qu'un comportement utile devienne une habitude, il faut planifier le lieu et le moment où on va le répéter. Élaborer un plan vous donnera plus de chances de réussite. Et justement, le petit rituel café, c'est le meilleur plan imaginable : on associe son café, une chose qu'on aime déjà, à une nouvelle habitude qu'on aimerait établir, celle d'avoir une bonne discussion avec soi-même. Le tout devient un cercle vertueux : votre nouvelle personnalité formidable renforcera votre extraordinairement bonne habitude, et ainsi, vous aurez changé votre vie à long terme.

CHANGEZ VOS PENSÉES
ET VOUS CHANGEREZ
VOTRE MONDE.

NORMAN VINCENT PEALE

Non seulement vous aurez une nouvelle habitude matinale, mais en plus, puisqu'elle est ancrée dans l'arôme et le goût du café, votre esprit ne tardera pas à se parler à d'autres moments de la journée. Vous verrez, lorsque vous boirez votre deuxième tasse, en fin de matinée ou au début de l'après-midi, il ne pourra pas s'empêcher d'entrer dans le territoire des bonnes pensées. Mieux que ça, le seul fait de passer près d'un torréfacteur ou d'un barista à l'œuvre déclenchera l'envie de vous adresser quelques bons mots ! Vous êtes prévenu. La première fois que ça vous arrivera, vous pourrez hocher la tête, un sourire entendu au visage.

CHAPITRE 3

LES INCROYABLES BÉNÉFICES DE VOTRE NOUVELLE HABITUDE

Commençons par le commencement ! Tout le monde peut profiter des profonds changements qu'apporte le petit rituel café (et de la résilience qui en découle naturellement) : femme, homme, enfant, ado, personne âgée… Les résultats sont instantanés. Il suffit de se lancer et de s'engager à répéter le rituel tous les jours. C'est assez facile, vous vous en rendrez compte très vite. Après avoir commencé, vous constaterez que se dire des choses positives crée une dépendance aussi forte que le café !

Bénéfice n° 1 : vivre une vie héroïque !

Comme vous êtes en train de le découvrir, cette démarche est puissante parce qu'elle vous permet de vous créer une nouvelle personnalité grâce à un flot d'affirmations simples et positives visant à remodeler votre vie. À première vue, ces affirmations ont l'air de simples mots, mais leur effet sur vous est plus profond qu'il n'y paraît. Le dialogue intérieur puissant que vous mettrez en place prendra en charge, façonnera et reprogrammera votre subconscient, faisant de vous une nouvelle personne plus énergique. Votre cerveau et votre corps, nouvellement stimulés, s'équiperont de neurotransmetteurs de bien-être et d'endorphine. Préparez-vous à vous enflammer !

Nous seulement vous serez plus efficace et plus à l'affût des occasions à saisir, mais vous serez aussi plus heureux, et ce, sur-le-champ.

En somme, cette démarche injecte à votre vie une dose *massive* d'énergie rayonnante et inspirante. À peine les précieuses paroles s'échapperont-elles de vos lèvres que vous serez en joie. Vous resplendirez comme la belle étoile que vous êtes. Et à tant briller, vous vous sentirez mieux… Serein, en fait. Et même euphorique. Ce genre d'énergie vous procure une vie meilleure, parce que vous deviendrez un aimant vers lequel converge tout ce qui est extraordinaire. Vous ferez l'expérience d'une vie plus simple, où tout semble aller de soi.

Après avoir commencé, vous saurez exactement de quoi je parle. Les choses se mettront à changer, parfois progressivement, parfois de façon frappante. En un instant, vous serez plus apaisé, moins prompt à juger, et carrément plus heureux. On est tous passés par là.

Par la suite, vous verrez, vous aurez envie de vous pincer : les choses s'enchaîneront pour vous et toutes sortes de coïncidences heureuses se présenteront. Vous comprendrez après un moment que tout cela fait partie du jeu. Votre vie prendra des proportions épiques, mais ce sera la nouvelle normalité, et vous finirez même par vous y attendre...

On peut penser à une sorte de magie, mais ce n'est que de la science. Les mots que vous choisissez de penser et de dire programment votre comportement en bien ou en mal. Votre choix de phrases déclenche certaines émotions et certains sentiments qui s'expliquent par les réactions chimiques de votre corps. La charge émotionnelle que nous suscitons grâce à notre petit rituel nous aide à créer des endorphines (peptides opioïdes) et les fameux neurotransmetteurs du bien-être : la dopamine, la sérotonine (l'hormone du bonheur) et l'ocytocine (l'hormone de l'amour). En fait, les scientifiques découvrent encore aujourd'hui de nouveaux neurotransmetteurs, comme l'anandamide, qu'on surnomme la molécule de la béatitude. Notre cerveau en produit lorsqu'on atteint des niveaux émotionnels très élevés. Impressionnant !

Dans votre petit rituel, vous choisirez chaque jour les mots les plus adaptés à ce que vous êtes en train de vivre, afin d'en tirer le meilleur résultat possible. Ces mots précieux sont non seulement la clef pour se sentir très bien à tout instant (c'est le bénéfice à court terme), mais ils sont aussi les outils de la science presque magique qui permet de réaliser ses rêves (c'est le bénéfice à long terme).

Au bout du compte, grâce au petit rituel, vous vous sentirez vraiment mieux : en meilleure santé, plus fort, plus heureux. Les circonstances favorables se multiplieront sous vos yeux, vous vous engagerez dans davantage de relations précieuses et vous saisirez la moindre occasion de vous amuser. Votre vision du monde changera. Vos œillères tomberont et de nouvelles possibilités dont vous n'aviez pas idée se présenteront soudainement devant vous. En vérité, elles étaient déjà là, mais votre état d'esprit et vos croyances vous poussaient à faire preuve d'une attention sélective et à les occulter.

Vous vous rendrez compte que vous êtes capable de faire des choses que vous n'auriez jamais cru possibles. En fait, si je suis devenue une autrice de romans d'amour, alors que je n'aurais jamais imaginé une telle voie possible pour moi, c'est en grande partie grâce à cette technique (j'y reviendrai).

Bénéfice n° 2 : s'aimer enfin

Premièrement, si vous vous parlez intérieurement et à voix haute avec des termes chargés d'amour, au bout d'un moment, chacun de vos gestes témoignera d'une plus grande tendresse envers vous-même.

Pensons par exemple à une femme qui n'est pas satisfaite de son corps. Malgré tout, un bon jour, elle choisit d'affirmer qu'elle est pleine d'amour pour elle-même et pour son corps. Habituellement, ce n'est pas ainsi qu'elle se sent. Auparavant, en apercevant son corps dans le miroir, elle aurait soupiré, prête à se plaindre… Mais à présent, elle a décidé de se mettre à ne penser et à ne dire *que de belles choses* à son sujet : elle est déterminée à briller, à se couvrir de lumière grâce à un nouveau monologue intérieur qui se réverbérera sur elle-même.

Après quelques jours à appliquer consciencieusement sa nouvelle routine imprégnée d'amour de soi, elle remarque un changement. Elle constate qu'elle est plus douce envers elle-même, plus compréhensive, elle se critique moins. Une autre semaine plus tard, elle se rend compte... qu'elle se trouve plus belle qu'elle ne l'a jamais été. La gentillesse qu'elle s'est destinée et qu'elle a répétée avec régularité s'est mise à se réverbérer au point qu'elle se voit sous un nouveau jour, plus radieux.

Ce qu'il y a de vraiment fou, de vraiment *magique* à propos de tout ça, c'est que cette femme est *vraiment* plus belle à présent. Les gens la trouvent littéralement plus séduisante. Les humains sont au fond extrêmement sensibles (inconsciemment, la plupart du temps) aux changements les plus subtils de la présence physique : les expressions du visage, la posture, l'attitude, les manières, le ton, la confiance en soi, et ainsi de suite. Lorsque vous vous aimez, une lumière splendide émane de votre personne et les autres *s'en rendent compte* !

Les choses ne bougeront pas aussi vite pour tout le monde. C'est normal d'avoir le sentiment que les mots ne sont pas tout à fait sincères au début. Continuez d'y mettre des efforts. Ça va marcher. Vous changerez. L'amour trouvera plus facilement son chemin en vous, et vous en dégagerez davantage.

Deuxièmement, votre petit rituel café vous permettra, en développant plus d'amour pour vous-même, de réaliser plus facilement vos rêves. Et tout ça parce que vous vous mettrez à croire en vous ! Votre vie sera plus facile parce que vous serez moins stressé, plus résilient. Sans compter que ce sera plus agréable de vous côtoyer. Ne sous-estimez pas le pouvoir qu'a l'amour de soi pour vous aider à faire de vos rêves une réalité.

L'important, c'est de vous aimer tel que vous êtes, *ici et maintenant*, tout en orientant votre cerveau vers la nouvelle personne que vous êtes en train de devenir. Par exemple, n'attendez pas d'avoir perdu du poids pour vous aimer. Aimez-vous plutôt tel que vous êtes maintenant, puis constatez la facilité avec laquelle votre poids diminuera, puisque vous aurez désormais endossé l'*identité* d'une personne plus mince.

Comment est-ce possible ? C'est simple. Lorsque vous vous aimez tel que vous êtes, vous faites des choix qui témoignent de cet amour pour votre corps. Et ces choix viennent sans effort ; ils ne suscitent ni stress ni plaintes. Ainsi, en aimant votre corps, vous choisirez de meilleurs aliments ou de plus petites portions *sans même vous en rendre compte*… puisque votre subconscient fera tout le travail. Une personne qui aime son corps ne passe pas son temps à en abuser. Quand la façon dont vous vous parlez change, votre comportement change. Par ailleurs, peut-être opterez-vous aujourd'hui pour une portion de gâteau au chocolat noir décadent précisément parce que vous vous aimez, et que vous souhaitez vous faire ce cadeau. Vous vous aimerez à chaque bouchée, savourant ce plaisir sans ressentir *aucune culpabilité*. Ça aussi, c'est puissant !

Le premier exemple va de soi : choisir une nourriture plus saine, c'est être en meilleure santé. Le second exemple, celui du gâteau décadent, est plus complexe. Il implique que vous ayez une telle réserve de joie et d'amour pour vous-même que vous ne ressentez aucune culpabilité, que vous ne créez aucune hormone de stress, aucune négativité… si bien que votre corps assimile la nourriture avec amour et bien-être. Bien sûr, loin de moi l'idée de suggérer qu'il faille manger du gâteau tous les jours, tellement on s'aime ! Cependant, à cause de ce qui est en jeu dans le premier exemple, ce genre de choix ne nous passerait même pas par la tête. Nous nous aimons, et notre comportement a connu une révolution. Grâce à nos choix plus judicieux, nous vivons mieux. Manger du gâteau tous les jours entrerait en contradiction avec une identité portée par l'amour de soi, et nous ne ressentons plus le désir pressant de faire quelque chose qui n'est pas bon pour le corps.

Mais ce n'est pas tout ! L'amour quotidien et l'acceptation de vous-même vous donneront une santé de fer. Vos cellules seront flamboyantes de bonheur, les protéines et les hormones tournoieront dans votre corps, vous aidant à rester en bonne santé, réduisant l'inflammation et se régénérant en prévision d'un futur tonique. Quand l'estime de soi est robuste et que l'amour de soi bourgeonne (deux résultats de votre petit rituel café), on perd du poids sans même changer ses habitudes de consommation ni son programme de mise en forme, à travers les seuls changements métaboliques ! Aussi bizarre que cela puisse paraître, le cerveau arrive à rendre les choses réelles, et plus encore en ce qui a trait au corps, au métabolisme, à l'expression des gènes, à l'immunité et à la santé globale.

Voici un autre effet du petit rituel : vous n'attendrez plus de rencontrer quelqu'un qui vous aime pour vous aimer vous-même. Quand on commence par s'aimer, on se prépare à accueillir dans sa vie une personne extraordinaire d'un instant à l'autre, comme par magie. C'est un principe de la loi de l'attraction : les personnes qui s'aiment sont attirées par les personnes qui s'aiment. Lorsque nous émettons une énergie inspirante, d'autres s'en rendent compte et nous trouvent irrésistibles.

Et encore un autre : vous améliorerez et réorganiserez votre vie avant même qu'une crise vous y force. Au lieu de ça, vous serez reconnaissant à chaque inspiration, vous vous aimerez, vous vous estimerez et vous estimerez votre vie telle qu'elle est en ce moment. Si vous vivez une vie décente et qu'il n'y a pas de raisons de vous plaindre, eh bien, n'attendez pas un mauvais coup du sort pour agir. Il faut creuser un puits avant d'avoir soif ! Instaurer le petit rituel café, c'est la bonne manière de s'y prendre.

Il n'y a aucune excuse pour ne pas commencer dès aujourd'hui. Voici un code de conduite à adopter :

L'amour de soi est un prérequis pour réaliser ses rêves.

Si vous souhaitez aller merveilleusement bien, vous sentir fort, beau et plein d'énergie, si vous voulez traverser votre vie en dansant, eh bien, commencez par vous aimer. Aujourd'hui. Grâce au petit rituel café !

Quelque chose d'extraordinaire arrive quand on s'aime. Tout est plus éclatant, tout scintille, tout est plus léger et pourtant plus consistant. Un poids invisible disparaît de nos épaules quand on s'accorde un droit qu'on avait pourtant depuis notre naissance : celui de s'aimer. On se sent tout de suite mieux, peu importe ce qui arrive dans notre vie. Une séparation ? Une pandémie ? Un congédiement ? Une trahison blessante ? Vous vous en tirerez, parce qu'en vous aimant, vous vous sentirez toujours serein. En s'aimant, on se donne de la valeur. Et quand on est serein et sûr de sa valeur, on n'a absolument aucune limite. Rien ne peut nous arrêter. On est aimable, valeureux et extraordinaire.

Lorsque nous nous aimons, nous dégageons de l'énergie et une aura aussi douce que le velours émane de notre personne. Elle nous entoure et s'étend à la ronde. Elle devient le sol riche en nutriments dans lequel poussent les graines de notre petit rituel café, prêtes à la récolte. Plus nous nous aimons, plus ce moment devient puissant. Les meilleurs nouveaux alliés sonnent à notre porte, les occasions idéales se présentent, notre vie tombe en place.

Au début, cela paraîtra difficile de s'aimer. C'est là que le petit rituel café entre en jeu et sert de guide. Tandis que vous menez votre petite conversation quotidienne avec vous-même, vous vous encouragez, vous reprogrammez votre cerveau et, donc, vous vous aimez davantage. La première fois que vous vous assiérez pour lire le scénario que vous aurez préparé, vous ne ressentirez peut-être pas les choses ainsi, mais après quelques répétitions, tout cela prendra racine. Vous aurez planté des graines, vous les aurez arrosées, vous leur aurez donné de l'engrais à force de réitérer cette pratique, et les graines germeront.

Bientôt, vous remarquerez que votre vie s'améliore continuellement et que des occasions en or se présentent à un rythme exponentiel.

Bénéfice n° 3 : plus de bonheur

Comme vous le savez désormais, se parler améliore l'estime de soi, le bien-être et l'amour de la vie. Et tout cela participe à guérir et à renforcer le corps et l'esprit. Je le répète pour que vous ne l'oubliiez jamais : se parler de façon positive rend incroyablement plus heureux.

Le bonheur est là qui attend. C'est important de s'en souvenir, car ça signifie qu'on peut se servir à chaque instant. Et si on le fait régulièrement, on crée un flot continu de moments heureux, comme si on s'était posé en intraveineuse un soluté de bonheur ; à long terme, cela crée l'*habitude du bonheur*. La vie qui en découle est extra à tous points de vue : la recherche tend à montrer que les gens heureux sont plus productifs, plus serviables, plus actifs et plus aimables. Ils sont aussi moins stressés. Alors, soyez une de ces personnes heureuses, plus résilientes, en meilleure santé, plus créatives et qui gagnent plus d'argent… *et que ça saute !*

Le moment est venu de devenir plus heureux, parce que le bonheur, c'est dans la tête. Cela ne tient qu'à vous. Peu importe les circonstances extérieures, peu importe ce que vous traversez, peu importe ce que vous avez vécu dans votre enfance, hier au travail, ou il y a dix minutes. La façon dont vous réagissez et dont vous avancez dans la vie dépend à 100 % de vous.

Bénéfice n° 4 : plus de résilience

Vous vous rendrez compte que le petit rituel café est une habitude saine et sécurisante parce qu'elle vous permet de mieux contrôler vos émotions et de ne pas être facilement atteint par les événements de la vie ni par des pensées négatives spontanées. Votre estime de vous-même sera trop forte pour que vous cédiez. Les conditions et les opinions externes auront moins de poids, puisque la valeur que vous vous accordez intérieurement (l'estime de soi) augmentera. Une fois que vous en serez là, la pluie coulera sur vous comme l'eau sur le dos d'un canard (oui, jolie métaphore), puisque vous aurez la force et la résilience nécessaires pour garder le cap.

Votre nouvelle flexibilité, cette endurance que vous aurez acquise: voilà deux importants bénéfices du petit rituel café. Vous porterez un genre d'armure. Et comme vous saurez que vous la portez, vous aurez également le courage et la confiance de foncer, de viser plus haut et de prendre des risques. Par exemple, vous aurez enfin le courage d'aborder la personne qui vous plaît, de demander l'augmentation que vous méritez, de mettre en ligne une vidéo sur YouTube, de lancer votre entreprise, ou de faire connaître vos talents sur scène. Ou bien, pourquoi pas, d'écrire un roman ! Dans tous les cas, vous ne serez plus terrifié par la perspective du rejet ou de l'échec, car vous aurez au contraire soif de relever de nouveaux défis et d'apprendre un peu plus chaque fois.

C'est exactement ce qui m'est arrivé ! En tant qu'écrivaine, l'amour que j'entretiens pour moi-même grâce à mon petit rituel café me permet de rester dans une humeur splendide malgré… les critiques littéraires ! Argh ! Savez-vous à quel point c'est facile de laisser une critique négative émise par un illustre inconnu ruiner toute une journée ? Même quand ce n'est qu'un seul avis un peu bizarre dans une mer de critiques élogieuses, il résonne et peut vous entraîner sur une pente glissante, tout droit vers le désespoir. Mais si l'estime de soi est vigoureuse et qu'on s'aime, on ne s'en fait pas avec les opinions des autres. On en est protégé au point d'arriver à considérer la critique avec un regard objectif, sans émotion, prêt à en tirer quelque chose.

Bénéfice n° 5 : plus d'amour, d'argent et de santé

Le petit rituel café améliorera votre vie de mille et une manières, mais voici les trois grandes catégories :

- L'amour
- La santé
- L'argent

J'aborderai ces trois catégories dans les chapitres suivants, mais sachez déjà que le petit rituel café aide à trouver une relation amoureuse qui durera toute la vie (vous savez, celles qu'on représente toujours au cinéma) parce qu'elle vous permet d'être la version la plus authentique de vous-même. Voilà qui aide à attirer l'âme sœur, celle qui résonne avec le vrai vous (voir le chapitre 18).

Ensuite, bien des adeptes du petit rituel café se parlent pour améliorer leur santé, pour guérir d'une maladie ou d'une blessure, pour se remettre en forme ou pour améliorer leur bien-être global (voir les chapitres 14, 15 et 16).

Enfin, une bonne discussion quotidienne avec soi-même peut également améliorer le compte en banque, et augmenter la richesse et l'abondance en même temps que la créativité (voir le chapitre 17). Plusieurs occasions en or se présentent, des tonnes de portes s'ouvrent. On dépense avec plus de mesure, parce qu'on se concentre sur ce qui rend heureux.

Bénéfice nº 6 : réaliser ses rêves

La raison pour laquelle je milite afin que la discussion avec soi-même soit une habitude quotidienne, c'est que, quand j'ai décidé de devenir une millionnaire heureuse et sexy, je voulais y arriver au plus vite... et rien n'accélère les choses davantage qu'un progrès régulier, quotidien.

Le petit rituel café est un ingrédient essentiel pour réaliser mon destin de millionnaire heureuse et sexy. C'est un des outils dont je dispose pour garder la bonne attitude et nourrir mon estime de moi-même. Il me permet d'avancer sans cesse, comme un infatigable train. Tous... les... jours... Comme je l'ai appris une fois sur les rails de ma nouvelle vie de millionnaire heureuse et sexy (je vous en parlerai davantage plus loin), un des aspects essentiels de la loi de l'attraction (celle qu'il faut maîtriser pour réaliser ses rêves) est de maintenir son investissement émotionnel tout au long de la journée. Et pour y arriver, rien de mieux que de commencer par un petit rituel café.

En ne faisant que rêver à la vie héroïque que vous désirez, et aux objectifs que vous vous êtes fixés pour l'atteindre, vous ne passez jamais à la vitesse grand V. C'est comme ça : se contenter d'établir une liste de souhaits et de désirs, c'est se cantonner à la voie de desserte, en bordure de l'autoroute de l'abondance. Ce n'est pas un cul-de-sac. Mais ce n'est pas une rampe de lancement de fusée non plus.

La magie a lieu lorsque l'on combine ses idées, ses objections et ses ambitions les plus profondes avec une charge émotionnelle qui permet de se sentir sans limites, motivé, guidé par l'amour. L'accord entre la partie pensante et la partie sensible du cerveau donne de la cohérence aux pensées et aux actions, fait tomber toutes les barrières trompeuses (comme quand on doute de soi-même), et nous assied dans une voiture de Formule 1 prête à démarrer en trombe vers une nouvelle vie héroïque.

Dans un cœur chargé de telles émotions, il n'y a pas de place pour la peur. Imaginez ce que ce serait de n'être jamais effrayé. Avant, j'étais transie par la peur. À présent, elle a presque disparu. La différence entre ma vie actuelle et ma vie d'alors est tellement absolument épatante que je ne retournerai jamais en arrière.

Bénéfice n° 7 : l'invention d'une nouvelle version magique de vous-même

Imaginez ça : vos rêves deviennent réalité… vous vous sentez heureux… confiant… n'est-ce pas extraordinaire ? Votre vie ne serait-elle pas complètement différente si vous bondissiez d'un jour à l'autre le sourire aux lèvres, au lieu de ramer et de traîner des pieds du matin au soir ? Est-ce que vous n'accompliriez pas tellement plus chaque jour, chaque semaine ou chaque mois si vous aviez plus d'énergie, plus de verve ou de confiance en vous ? Pensez-y bien, parce que, maintenant que vous adoptez le petit rituel café, vous allez y arriver, comme un phénix renaissant de ses cendres.

Les affirmations et les pensées positives que vous prononcerez à voix haute ou que vous vous destinerez sont des instructions données à votre subconscient. Elles indiquent à votre cerveau le chemin à suivre. Quand on se remplit la tête de telles paroles, on finit par prendre l'habitude de penser comme ça, puis par faire de nouveaux choix. Ainsi, cela vous permettra de créer une version réinitialisée incroyable et magique de vous-même : celle que vous avez toujours imaginée.

Vous êtes-vous déjà imaginé différent ? Vous êtes-vous déjà demandé comment ce serait d'être plus courageux, plus drôle, plus créatif ? Aimeriez-vous écrire mieux ? Perdre du poids ? Être plus détendu, moins stressé ? Eh bien, grâce au petit rituel café, vous pouvez changer votre personnalité et votre attitude afin de devenir la personne que vous rêvez de devenir.

Ça fonctionne vraiment. J'en suis la preuve vivante, tout comme les millions de personnes qui s'y sont mises. Le petit rituel café m'a rendue plus heureuse. Il a fait de moi une meilleure écrivaine. Il m'a motivée à me rendre en salle de sport même les jours où je n'avais pas envie d'y aller. Il a fait de moi une meilleure maman. Une épouse plus romantique. La liste est longue… et vous pouvez obtenir les mêmes résultats !

Bénéfice n° 8 : plus de confiance en soi

Commencer ma journée avec ma petite routine café a tellement augmenté ma confiance en moi qu'il m'est devenu très facile de parler avec des inconnus. J'entame une conversation avec plus d'aisance. Même en Italie, où je ne parle pas encore très bien la langue, j'aborde les gens sans la moindre peur de me tromper ou d'être mal comprise. Ça m'aide à apprendre (l'italien, en ce qui me concerne) et je vis ainsi des expériences inédites. Parfois je déniche une information utile, d'autres fois je rencontre des gens qui règlent illico un problème que je vis, d'autres fois encore j'entre en contact avec un super réseau grâce à une seule conversation avec un inconnu. Ou bien je découvre que je peux aider d'une manière ou d'une autre… et même me faire un nouvel ami ! C'est toujours gagnant.

Le petit rituel café m'apprend aussi à m'aimer même dans les situations stressantes ou anxiogènes. Il représente un espace sûr où me ressourcer au besoin. Avant, quand je mettais un texte en ligne ou que je publiais un livre, plutôt que d'être joyeuse d'avoir accompli une telle chose, j'étais prise d'une grande anxiété. Je me sentais vulnérable dès que mes textes se mettaient à circuler dans le monde. J'appréhendais leur réception. Je vérifiais à tout bout de champ que rien n'avait été dit à leur sujet sur les réseaux sociaux, en plissant les yeux… est-ce que les gens avaient aimé ?

Mais on s'en fout ! À présent, je présente mon art au monde dans la joie et l'enthousiasme. J'ai habitué mon esprit à l'idée que je suis une écrivaine prolifique qui vaut son pesant d'or. Je sais que mes textes proviennent d'une source illimitée de créativité. Je crée sans cesse parce qu'une panne de créativité, ça n'existe pas. Voilà ce que je me dis, et ça marche !

Je ne m'en fais plus avec les réactions des gens. Certaines personnes aiment ce que je fais, d'autres non. La première catégorie, c'est mon public, l'autre ne me concerne pas. De mon côté, j'ai tellement de plaisir à écrire et à partager ce que je fais que je suis impatiente de m'y remettre. Je suis contente de persévérer.

Après vous être reprogrammé pour être plus en confiance, vous n'aurez plus besoin d'y penser consciemment. Ce sera normal pour vous : vous serez ainsi à présent. Voilà la recette de la puissance… une pleine souveraineté, une vraie de vraie. Votre état d'esprit de base sera flexible et confiant. Comme un palmier lors d'une tempête tropicale, vous resterez là, enraciné, suivant le sens du vent, dansant jusqu'à ce que l'orage passe. Vous serez à la hauteur de toutes les situations qui se présenteront et vous résisterez à la peur. Ce sera un changement majeur, épique.

Bénéfice n° 9 : parer à toute éventualité

Grâce au petit rituel café, vous devenez maître du futur. En augmentant votre confiance, vous minimisez l'effet des chocs et du stress. La confiance engendre le succès et le succès engendre la confiance, c'est un cercle vertueux. En établissant votre petit rituel, vous accélérerez le cycle. Vous vous fabriquerez sur-le-champ une armure pare-balles. Et si vous vous y tenez assez longtemps, vous serez tellement invincible que vous serez même à l'épreuve des bombes !

Et tout ça, simplement en vous adressant quelques phrases bien simples. Des mots. *Vos* mots.

Dans ce livre, vous apprendrez à créer votre propre scénario matinal pour profiter de ces bénéfices alléchants. Je vous donnerai des idées pour vous inspirer et quelques trucs que j'utilise moi-même pour rendre mon petit rituel encore plus efficace. Je vous le promets, si vous prenez le temps de vous asseoir et de déguster une tasse de café avec vous-même, de lire votre scénario et de recommencer, vous vivrez une vie é-pa-tante.

IL SUFFIT DE BIEN PEU
POUR VIVRE HEUREUX.
TOUT EST EN VOUS,
DANS VOTRE FAÇON DE PENSER.

MARC AURÈLE

CHAPITRE 4

LA SCIENCE DERRIÈRE LA MAGIE DU PETIT RITUEL CAFÉ

LE CORPS ET L'ESPRIT NE FONT QU'UN. NOUS AVONS SUR NOTRE BIEN-ÊTRE ET NOTRE SANTÉ UNE MAÎTRISE BIEN PLUS GRANDE QUE NOUS LE PENSONS.

ELLEN LANGER, PSYCHOLOGUE DIPLÔMÉE DE HARVARD, DITE LA MÈRE DE LA PLEINE CONSCIENCE

S'adresser des pensées positives change la structure physique du cerveau. Les cerveaux humains disposent d'une plasticité neuronale, c'est-à-dire qu'ils peuvent changer du tout au tout, peu importe leur âge. C'est comme ça qu'on développe de nouvelles compétences, comme jouer du piano, tirer à l'arc, ou qu'on apprend une nouvelle langue. Ou, dans mon cas, qu'on se met à écrire des romans.

Mais cela veut dire que nos perceptions peuvent changer elles aussi, et donc, la manière dont on envisage le monde ou dont on réagit aux événements. Les scientifiques en neurologie ont prouvé que nos cerveaux demeurent très flexibles et peuvent construire de nouveaux chemins neuronaux. Quand vous apprenez de nouvelles choses, les cellules de votre cerveau (qu'on appelle les neurones) s'activent ! Vous êtes le metteur en scène et elles, les actrices. Vous êtes le général et elles, les soldates à vos ordres : elles feront ce que vous leur demandez.

Ainsi, le petit rituel café vous aidera à réparer vos crevaisons et à vous remettre sur la bonne voie, pour que vous appreniez à aimer votre vie magique et à satisfaire les désirs de votre cœur. Parce que vous – oui, vous ! – pouvez contrôler ce qui s'enracine (ou ce qui ne s'enracine pas) dans votre tête, selon ce que vous pensez ou ressentez à chaque instant. Grâce au petit rituel café, vous en serez le maître.

Stimuler la connexion optimale – viser l'habitude

Quand vous faites quelque chose ou que vous le ressentez de façon répétée, votre esprit en prend l'habitude. Plus précisément, les cellules de votre cerveau sont stimulées et se connectent les unes aux autres selon les pensées qui vous traversent. En fait, une habitude de pensée les stimule *conjointement*, et à force de s'activer ainsi ensemble, les neurones se mettent en réseau.

Plus cela arrive souvent, ou plus grande est la charge émotionnelle dont résulte la connexion, plus elle sera solide. À force de répétition, l'habitude s'implante profondément, comme si ses courroies de transmission étaient plus épaisses et résistantes. Au fond, la structure de votre cerveau en est changée. C'est cela qui fait de vous qui vous êtes : la source de votre personnalité.

Si vous prêtez attention à ce processus, vous en prenez le contrôle. Vous pouvez l'activer à volonté. De nouvelles habitudes de pensée, de nouvelles croyances, de nouveaux comportements intégrés avec répétition stimulent une connexion permettant une nouvelle vie sur demande. Les rênes sont entre vos mains et tout commence par vos pensées, vos comportements et vos émotions. Nouvelle façon de penser ? Nouvelle personnalité !

Plus vos neurones sont stimulés souvent et de la même manière, plus leurs connexions sont fortes. Et plus les courroies de transmission sont résistantes, plus elles agissent de façon prononcée. Elles sont aussi plus difficiles à démanteler, parce qu'elles sont plus résilientes et permanentes. C'est une bonne chose si l'on programme de bonnes habitudes. Par contre, c'en est une moins bonne si l'on programme de mauvaises habitudes, comme des comportements néfastes, ou des croyances négatives à propos de soi-même ou du monde… qui peuvent d'ailleurs se révéler fausses. Mais en reprenant le contrôle, vous POUVEZ les changer.

Pourquoi ce superpouvoir a une importance vitale

Cette capacité à reprogrammer les connexions de votre cerveau est importante, parce que c'est grâce à elle que vous deviendrez une nouvelle personne ! C'est comme ça qu'on se donne une vie héroïque et qu'on se met à ressentir *naturellement* du bonheur et de la joie. Autrement dit, ce sera désormais votre état normal. Vous n'attendrez plus que quelque chose se passe pour vous sentir bien, parce qu'intérieurement, vous aurez la recette et les ingrédients pour y arriver en tout temps. Voilà le superpouvoir accessible à tous !

Mon petit rituel café m'a aidée à reprogrammer mon cerveau pour connaître plus de succès, et ce sera pareil pour vous. Au lieu de me lever fatiguée, amortie ou sans concentration, je saute hors du lit avec une vigueur qui me propulse dans la nouvelle journée qui m'attend ! Lorsque je jette un regard rétrospectif sur mes matins d'avant, je mesure toute la différence. Même au cœur de la pandémie de coronavirus, mes jours étaient pleins de joie et de sens. Ces circonstances malheureuses ont bouleversé ma vie pendant un temps, mais elles n'ont pas pu entamer ma félicité, car elle provient d'une réserve très profonde en moi.

Je ne peux le répéter suffisamment : avec le bon état d'esprit, les bons mots, les bonnes pensées, vous pourrez puiser comme moi à cette source vive de joie en toutes circonstances.

Le sécateur à la rescousse de votre cerveau

Heureusement, une fois que vous avez solidifié le réseau neuronal de vos nouvelles façons de penser (vos habitudes de feu !), vos anciennes connexions s'étiolent avec le temps, parce que vous les employez moins. Les connexions dans notre cerveau s'atrophient littéralement quand on ne les emploie plus, comme des muscles. Après tout, si on ne s'entraîne pas, on en perd l'habitude.

En d'autres termes, plus vous faites et dites de choses positives, plus votre cerveau change pour leur apporter son soutien, tout en se défaisant de ses vieux branchements inutiles. Les neuroscientifiques appellent ça la taille, comme si vous brandissiez des sécateurs : une belle métaphore… Imaginez toutes les vieilles branches défectueuses qu'on taille pour de bon, comme celles qui sont mortes sur un arbre, afin qu'il reste davantage de nutriments et d'énergie disponibles pour les branches en bonne santé. *Cric. Crac.*

Cela s'avère très utile quand vous reprogrammez votre subconscient en prévision de votre vie héroïque ; en effet, lorsque votre nouveau système de branchement se sera renforcé à force de répétition, il sera très difficile, voire impossible, aux vieilles façons de penser de se réimposer subrepticement. Avec le temps, si vous conservez votre habitude de vous parler en bien, vous n'aurez plus à craindre de redevenir la personne que vous étiez. Le magnifique papillon que vous serez devenu aura traversé une métamorphose à sens unique… impossible qu'il redevienne une chenille. Même si de vieux déclencheurs s'activaient sans crier gare, ils n'auraient plus aucun pouvoir sur vous. Les vieilles inepties qui vous brimaient (du genre croyances, idées et pensées néfastes) se seront enfin tues, vous laissant tranquille pour toujours. Quel soulagement, n'est-ce pas ?

En cours de route, votre cerveau démantèle toutes ces courroies de transmission inutiles afin d'avoir de la matière disponible pour construire de nouveaux réseaux actifs, au service de votre entreprise de création. Un nouveau vous-même ! En somme, tandis que vous apprenez de nouvelles choses, vous changez la personne que vous êtes parce que votre cerveau démantèle du vieux pour construire du neuf en temps réel. On obtient ce qu'on répète. Contrairement à l'adage, on n'est pas ce qu'on mange… on est ce qu'on *pense* !

Imaginez… être doté d'un cerveau complètement différent de celui que vous avez en ce moment

Les neurosciences montrent que le cerveau a le potentiel de changer physiquement et chimiquement avec chaque nouvelle pensée, chaque nouvelle émotion, chaque nouvelle expérience. D'énormes transformations peuvent avoir lieu en quelques semaines à peine, peu importe votre âge ou la situation que vous vivez.

Voici un exemple. Alors que je pense des choses formidables et que je m'investis émotionnellement (en ressentant de l'amour, de l'admiration, de la gratitude, etc.), je stimule et connecte tout ce qu'il y a de mieux. Cela peut être aussi simple que de penser à mon mari et à ma fille et de ressentir tout l'amour que j'ai pour eux. Ou de penser avec reconnaissance à la nourriture que je mange. Ou de rester là à admirer béatement les montagnes et l'océan. Ou de me blottir contre mon chien et de me sentir en paix. Ou de me tenir tout simplement là, certaine de ma force, en pleine maîtrise de mes moyens, sûre de mes qualités. Ou d'être impatiente de vivre le futur que je fabrique pour moi-même, car je ne connais aucune limite !

Tous ces moments passés à m'investir émotionnellement mettent mon cerveau en phase avec le succès, l'amour, et tout ce qui est bon. C'est comme si votre cerveau bénéficiait d'une mise à jour et passait au niveau supérieur ! De plus, en faisant cela, on n'emploie plus ses habitudes ancrées dans la peur (acquises dès l'enfance) et elles s'étiolent avec le temps. Quelle merveille !

Mais ce n'est pas seulement une question de cerveau

Jusqu'ici, j'ai surtout insisté sur la façon dont vous reprogrammez votre cerveau en vous parlant. Mais ça ne s'arrête pas là : votre cerveau contrôle la majeure partie de ce qui se passe dans votre corps. En fait, votre cerveau peut littéralement *changer votre corps*. Et donc, en vous parlant de la bonne façon, vous pouvez aussi le changer !

Saviez-vous qu'il existe des recherches montrant que ce que vous pensez peut changer votre corps… sans que vous entrepreniez quoi que ce soit physiquement? Notre esprit est fort à ce point-là. On a mené des études avec des gens qui s'imaginent en train de faire travailler un muscle, et ils ont obtenu *de véritables gains de force* sans avoir levé le petit doigt! C'est quoi, cette histoire? Incroyable! Qui a besoin d'une salle de sport si on peut se contenter de puiser à la matrice de son esprit pour devenir musclé et tonique?

Plus sérieusement, les participants à cette étude activaient des parties de leur cerveau reliées au mouvement, si bien que leur cerveau pensait qu'ils étaient en train de bouger, même si ce n'était pas vrai. Et lorsqu'on prenait une image en résonance magnétique de leur activité cérébrale, on observait la même activité, que les muscles soient réellement en train de soulever une charge ou non. Phénoménal!

Voici une autre illustration étonnante de la puissance de notre esprit. Joe Dispenza, dans son livre *Le placebo, c'est vous!*, donne un exemple de la façon dont l'esprit peut changer la réaction du corps à une substance allergène. Au Japon, on a réuni pour une étude treize garçons hypersensibles à une plante dont les effets sont semblables à ceux du sumac vénéneux. Les chercheurs ont appliqué sur le bras des jeunes hommes des feuilles d'un arbre sans danger, tout en leur disant que c'étaient en fait des feuilles allergènes. Le résultat a montré que les treize bras touchés avaient développé une réaction cutanée, même si les feuilles ne présentaient aucun danger. *Mais les garçons y croyaient!*

Ensuite, les chercheurs ont appliqué sur l'autre bras des garçons des feuilles de la plante vénéneuse, en expliquant que les feuilles étaient sans danger. Cette fois, seuls deux des treize garçons touchés ont eu une réaction allergique. Onze des treize garçons n'ont eu aucune réaction, puisqu'ils ne croyaient pas être en danger.

Renversant ! Voilà le genre de choses que notre esprit a le pouvoir d'accomplir.

Multiplier pour amplifier

Que vos pensées soient bonnes ou mauvaises, quand vous les répétez, elles acquièrent de la prégnance et de la force. Autrement dit, multiplier, c'est amplifier. Comme la répétition augmente tout aussi bien les bonnes que les mauvaises pensées, faites en sorte de bien choisir !

Chaque fois que vous répétez les bons mots, leur charge émotionnelle augmente et ils suscitent des sentiments plus forts. Et quand c'est le cas, tenez-vous bien – en selle ! – parce que votre cerveau et votre esprit se mettront illico au travail pour façonner votre nouvelle réalité, bien plus lumineuse.

Vos pensées fonctionnent comme des intérêts composés, investis dans la préparation de votre nouvelle vie. Les effets se multiplient quand vous les répétez. Alors, soyez futé et choisissez avec soin chacune des pensées qui vous passent par la tête (et chacun des sentiments qui circulent dans votre corps) parce qu'elles importent toutes, autant qu'elles sont. (En fait, les pensées que vous avez à votre sujet *deviennent littéralement de la matière.*)

Se plaindre et gémir n'est d'aucune aide. Pour personne. Si vous vous levez avec l'impression de crouler sous une montagne de choses à faire, de dettes, ou d'autres circonstances étouffantes, le temps est venu de changer de perspective (je vous donnerai quelques trucs en ce sens plus loin), et même de chasser ces pensées. Refusez-leur la moindre occasion de se présenter. Cessez de vivre sous un voile obscur. Cela équivaut à gaspiller sa vie !

De telles pensées sont des affirmations négatives, et chaque fois que vous en faites l'expérience, les mauvaises connexions se renforcent dans votre cerveau. Ce sont des *affirmations*, parce que c'est exactement ce qu'elles font : elles affirment une chose comme si elle était vraie. Alors, repoussez toutes les pensées négatives à l'aide du petit rituel café et de techniques pour voir le monde autrement (voir le chapitre 10). Vous verrez, de vrais changements surviendront.

L'OPTIMISME PERPÉTUEL
EST UN MULTIPLICATEUR
DE FORCE.

COLIN POWELL

Nos croyances peuvent nous guérir mentalement et physiquement. Mais elles peuvent aussi nous rendre malades. Si vous êtes le genre de personne à dire : « J'attrape toujours le rhume qui circule », eh bien, devinez quoi ? Vous créez un environnement dans lequel cette affirmation sera plus souvent vraie. (C'est d'ailleurs un des sujets de l'heure en sciences. En fait, un champ de recherche, la *psychoneuroimmunologie*, étudie les chemins chimiques que nos cerveaux fabriquent pour modifier notre système immunitaire afin de nous rendre résistants à la maladie. Ce n'est pas de la magie noire ni du vaudou… on parle de neurotransmetteurs, d'hormones et d'épigénétique.)

Nos mots sont extrêmement puissants. La plasticité neuronale ouvre un monde de possibles, car nos cerveaux ont la capacité de changer. Votre esprit (et donc votre personnalité et votre réalité) n'est pas statique. Et ce qui est vraiment extraordinaire, c'est à quel point le changement peut être rapide. En une seconde, grâce à une seule pensée, votre cerveau peut changer le cours de votre vie du tout au tout. Le petit rituel café, s'il est bien implanté, crée un état d'esprit sain, automatique, sans effort et naturellement sucré, comme du miel. Une attitude de champion qui deviendra la norme pour vous. Un talent naturel.

Je suis sûre que vous connaissez les vieilles croyances du genre : « Les gens ne changent pas » ou « Après un certain âge, on n'apprend plus rien ». Eh bien, la plupart du temps, elles sont vraies, mais simplement parce qu'une majorité de gens *ne savent pas* qu'ils peuvent changer. Ils n'essaient même pas de le faire. Toutefois, si l'on prend ces phrases au pied de la lettre, elles sont complètement fausses. Les gens peuvent changer, *et ils changent*. Vous pouvez apprendre ce que vous voulez, à l'âge que vous voulez. Le docteur Helmstetter lui-même s'est mis au tir à l'arc passé soixante-dix ans. Il est à présent un archer aguerri, de calibre olympique. La plasticité neuronale à son meilleur !

En fin de compte, quiconque s'en donne les moyens peut changer. Et en plus, vous pouvez vous y mettre *dès aujourd'hui.*

L'ESPRIT EST TOUT.
CE QUE VOUS PENSEZ,
VOUS LE DEVIENDREZ.

BOUDDHA

CHAPITRE 5

UN PETIT RITUEL CAFÉ PERSONNALISÉ

En ce moment même, vous baignez dans votre propre puissance intérieure, peu importe où vous êtes, peu importe ce que vous vivez ces jours-ci. Sentez les pages de votre vie qui tournent tandis que vous lisez cette phrase. Ce temps est à vous. Vous avez le potentiel et l'autorité de changer vos croyances à propos de vous-même dès aujourd'hui. Vous avez le droit de faire de meilleurs choix à chaque instant. Tout tient aux pensées que vous formulez à votre sujet et au sujet du monde. Reprogrammez votre cerveau en mieux et récoltez-en les fruits. Le temps est venu.

Dans ce chapitre, je vous donnerai les éléments de base pour écrire votre propre petit rituel café. Si vous n'êtes pas prêt à l'écrire vous-même ou si vous préférez employer des modèles pour commencer plus rapidement, plusieurs scénarios vous attendent dans la deuxième partie du livre (chapitres 12 à 24).

Les règles du petit rituel café

Règle nº 1 : écrire à la première personne

Concevez, écrivez et prononcez votre rituel à la première personne. Par exemple :

Je dispose de mon succès avec générosité et je partage aisément avec les autres.

La première personne est nécessaire pour que ce soit vous qui soyez le créateur et le bénéficiaire des programmes qui réorganiseront votre cerveau. Ainsi, cela vous rentrera plus facilement dans la tête et vous en sentirez plus rapidement les résultats. Il faut raconter l'histoire dans vos mots et avec votre voix. *Je* est le destinataire de votre petit rituel.

Règle nº 2 : écrire au présent

Le deuxième truc pour concevoir un rituel puissant est d'écrire au présent. Cela donne l'impression que les choses sont déjà arrivées ou qu'elles sont en train d'arriver. Pas demain, pas le mois prochain, pas l'année prochaine. Écrivez au présent même si la chose que vous voulez n'est pas encore arrivée. Souvenez-vous, vous faites cela pour reprogrammer votre cerveau. Vous voulez que votre cerveau se mette à agir comme si la chose que vous vouliez était déjà réelle. Vous ne souhaitez pas donner d'excuses à votre cerveau pour qu'il remette les choses à plus tard.

Alors, écrivez et parlez-vous comme s'il n'y avait aucun délai entre le moment de dire une chose et celui où elle arrive. Ne tolérez aucune distance entre vous, vos réussites et votre sentiment de bien-être.

Incluez dans votre petit rituel les choses que vous voulez entreprendre, les moyens d'y arriver et les sentiments que cela vous procure. C'est votre nouvelle vérité épique. En affirmant vos désirs positivement, vous en stimulerez la réalisation.

Préparez votre baguette magique

Une très bonne façon de préparer l'écriture du scénario de votre petit rituel café est de penser à votre vie actuelle en comparaison de celle que vous vous destinez. Si vous aviez une baguette magique qui permettait de changer votre vie, qu'en feriez-vous ?

Voulez-vous un meilleur emploi ? Trouver l'amour ?Avoir davantage confiance en vous-même ? Guérir d'une maladie, d'une blessure ? Perdre du poids ou trouver la motivation de vous mettre à l'entraînement ? Souhaiteriez-vous aimer faire de l'exercice ? Intégrer une bonne habitude, comme la méditation ? Voudriez-vous vous débarrasser d'une mauvaise habitude, comme la consommation de sucre ? Être plus drôle ? Plus riche ? Plus heureux ? Plus créatif ?

Pensez à ce que vous voulez, à la personne que vous souhaiteriez être, à la façon dont vous voudriez vivre et à ce que vous aimeriez ressentir.

Posez-vous les questions suivantes :

- Quelles sont les choses qui augmentent mon énergie ?
- Comment puis-je accorder plus de place à ces choses dans ma vie ?
- Quelles sont les trois choses ou les trois personnes qui me procurent de la joie et seulement de la joie ?
- Quel est mon passe-temps favori ?
- … mon endroit favori où passer les vacances ?
- Qu'est-ce que j'aimerais avoir en plus grande quantité dans ma vie ?
- … et en moins grande quantité ?
- Qu'est-ce que je voudrais et que je n'ai pas en ce moment ?
- Comment est-ce que je me sentirai quand j'aurai les choses que je veux ?

Écrivez toutes les réponses qui vous passent par la tête. Puis reprenez chacun de ces rêves et transcrivez-les en phrases affirmatives comme *j'aime…*, *je suis…*, *je me sens…*, etc. (Référez-vous aux modèles de scénarios de la deuxième partie pour des exemples.)

Le processus quotidien du rituel

Après avoir écrit votre scénario (ou après avoir sélectionné un des modèles de scénarios proposés), vous le lirez (préférablement à voix haute) tous les matins, en prenant votre café.

Je le répète, cela peut sembler étrange ou bizarre de vous parler à vous-même de vous-même, mais ne vous en faites pas. Je promets que très rapidement, cela deviendra facile et amusant. Vous serez bientôt habitué à vous entendre. En fait, cela deviendra tellement normal qu'avant longtemps, vous ne tolérerez *plus aucune* pensée néfaste ni *aucun* mot négatif à votre sujet. Cela vous semblera tellement dissonant que vous sursauterez, comme si on passait un ongle sur un tableau noir.

Plus vous répéterez à voix haute votre scénario, plus facile ce sera. Le tout deviendra amusant et naturel, et vous attendrez ce moment avec impatience. Vous en aurez besoin… autant que de votre café ! Et au fur et à mesure que votre rituel nourrira votre cerveau et votre esprit de nutriments mentaux extraconcentrés, vous sentirez peut-être même des picotements et des décharges d'énergie qui font un bien fou. Si vous vivez des moments de doute ou des sentiments étranges, observez-les calmement et dites : « Merci d'être passée par ici, petite pensée. » Puis remettez-vous en route, parce que c'est comme ça qu'on y arrive !

Lancez-vous dès maintenant – un modèle de scénario pour débuter

Voici deux modèles de scénarios génériques et universels. Dans le premier exemple, je commence par des mots doux et efficaces. Vous pouvez les recopier sur Notes, Evernote, ou sur votre application préférée, ou les transcrire dans un journal papier.

Plus loin, nous ferons passer ce scénario au niveau supérieur en lui ajoutant des mots plus intenses et profonds, mais cet exemple format léger vous donnera des idées pour vous lancer si vous êtes encore débutant en matière d'amour et d'estime de soi.

Allez chercher votre tasse de café et asseyez-vous pour vous plonger dans la lecture. Prenez une pause de quelques secondes après chaque phrase pour qu'elle puisse bien s'implanter.

Je suis une bonne personne.

J'aime cette journée.

Je me sens réjoui en ce moment parce que je prends soin de moi.

J'aime la vie.

J'aime ma vie parce qu'elle est organisée et pleine de sens.

Ce sera une bonne journée aujourd'hui parce que je suis prêt.

Mes revenus augmentent et il n'y a que du bon en réserve pour moi.

Je bénis tout ce qui est dans ma vie en ce moment. Mon café, ma chaise, mon foyer, ma vie.

J'aime me sentir bien.

J'approuve ma personne parce que je suis vraiment formidable.

J'aime le pouvoir dont je dispose de me sentir bien à l'aide de mots simples.

J'accomplis des choses parce que je persévère.

Je choisis de me sentir bien dans ma peau parce que je le mérite.

Je baigne dans ma propre puissance intérieure.

Tout est merveilleux aujourd'hui.

J'ai toujours le choix.

Je suis en bonne santé, je suis riche.

J'ai le temps de faire tout ce que je veux aujourd'hui.

Je me sens vraiment bien.

J'ai une attitude du tonnerre.

Aujourd'hui est un grand jour.

Je m'aime exactement comme je suis en ce moment.

Je puise dans les bonnes émotions parce que c'est la clef du succès.

Ce moment est amusant et je suis prêt à vivre cette journée.

La vie est pleine d'occasions en or parce que je suis disposé à les saisir.

Je suis épanoui et plein de vitalité.

Je me sens très bien en ce moment parce que j'aime ma vie.

Avez-vous l'impression que c'est ridicule ?

Je serai honnête : la première fois que j'ai fait ça, j'ai vraiment eu l'impression d'être tombée sur la tête… mais ça n'a duré qu'une minute. J'ai tout de suite pensé aux gens qui connaissent des succès incroyables en se mettant au diapason et en suivant la même cadence. Se parler à soi-même n'a rien de nouveau : il y a des tonnes de gens qui s'en servent pour accomplir des trucs pas possibles, gagner de l'argent à la pelle, se remettre d'une maladie, être dans une super forme physique et vivre des vies extraordinaires.

Je ne voulais pas louper l'occasion ! Lorsque je me suis rendu compte que c'était un des meilleurs moyens de se transformer et d'amener sa vie vers les plus hauts sommets, je me suis lancée sans regarder en arrière. J'ai abandonné toute crainte d'une folie passagère et j'ai enfilé ma cape de superhéros. Que la partie commence !

À travers le temps, mon rituel a évolué. C'était fascinant à voir. Au début, mes scénarios ressemblaient beaucoup à celui que vous venez de lire. À présent, quand je lis ma dernière version, je suis tellement motivée que… j'ai l'impression de léviter ! Je me mets *vraiment* dans l'ambiance.

C'est votre tour !

La première fois que vous vous assiérez pour lire le scénario de votre rituel café, cela ne vous prendra peut-être qu'une minute. Si c'est le cas, et que vous n'avez pas encore terminé votre café, relisez-le, tout simplement. Et encore une fois… encore une fois… Une gorgée, et on répète. Continuez jusqu'à ce que vous ayez bu toute votre tasse de café. Puis reprenez le cours de votre vie avec une humeur bonifiée, plus de confiance en vous et une excellente concentration.

À mesure que vous prendrez de la maturité avec votre petit scénario, il est probable que celui-ci s'allonge. Ça, c'est parce que le rituel est un moment tellement agréable et inspirant. Aussi irrésistible que la caféine que vous buvez en lisant votre scénario. Pour commencer, la plupart des gens s'en tiennent à des choses générales et simples. Puis, avec le temps, ils bonifient leur scénario (ou leurs scénarios) en leur ajoutant des détails spécifiques qui renvoient à leur situation et à leurs objectifs.

De nouvelles idées et de nouvelles descriptions se mettront à fleurir dans votre esprit. Plus vous penserez à la vie extraordinaire que vous vivez, plus nombreuses seront vos idées. À tout moment de la journée, vous serez visité par des images, des flashs, des phrases, et je vous conseille de les consigner pour les ajouter à votre scénario quand vous en aurez le temps. Ne manquez pas l'occasion de les noter lorsqu'elles passent !

Les détails que vous ajoutez à vos scénarios sont importants. Ils créent une image plus vive dans votre tête et rendent vos objectifs clairs comme de l'eau de roche. Par exemple, vous pouvez insérer quelques lignes renvoyant à l'importance d'avoir des habitudes alimentaires saines. Ou une phrase qui concerne l'abondance dont vous profitez dans votre vie grâce au rituel, le nouveau point de vue sur le monde qu'il vous a permis d'adopter et ses effets sur les décisions que vous prenez. Ou un extrait des paroles de votre chanson inspirante préférée, celle qui vous aide à ne pas oublier un seul instant la nouvelle personne que vous êtes en train de devenir. Ou une incitation à pratiquer un exercice physique chaque jour, comme une série d'extensions des bras, pour que cette image reste bien centrale et visible dans votre esprit.

Vous finirez par atteindre un stade où vous consacrerez cinq, dix ou même quinze minutes par jour à adapter le scénario de votre rituel quotidien. Il évoluera à son rythme. Mon scénario est à présent si long qu'il me faut une bonne vingtaine de minutes pour le lire en entier, si je me sens d'humeur à le jouer à fond (je reviendrai sur l'aspect théâtral du rituel). Mais sa durée ne me dérange pas le moins du monde… J'aime chaque minute que j'y consacre. Je monte au ciel.

Il y a aussi des jours où je n'arrive pas jusqu'au bout du scénario avant de terminer mon café, et je m'y remets plus tard dans la journée. D'autres jours, je reste là, assise, investie et bien imprégnée, le temps de boire *deux* tasses de café. L'important, c'est que je le fais… absolument… tous… les… jours !

Plus loin dans ce livre, vous découvrirez encore plus de moyens de catapulter votre petit rituel café à des niveaux d'efficacité d'un autre monde. Mais pour l'instant, la première étape consiste à écrire quinze affirmations simples et puissantes.

Branchez-vous sur le haut-parleur ! Un modèle de scénario plus riche pour bonifier votre rituel café

Le modèle de scénario précédent est idéal pour commencer. Prenez-le tel quel ou apportez-y les changements nécessaires pour qu'il résonne à vos oreilles. J'ai tendance à beaucoup utiliser les mots *extraordinaire* et *formidable* dans mon propre scénario, tandis que mon beau-père emploie beaucoup *incroyable.* Choisissez les mots qui fonctionnent pour vous. Vous pouvez aussi allonger ou raccourcir le scénario… trouvez la longueur qui convient. Eh oui, il pourrait même n'être constitué que d'une seule phrase que vous répétez encore et encore ! Un mantra extra concentré, tout court, mais d'une grande puissance : la version espresso du rituel café.

Après vous y être mis, vous verrez à quel point c'est amusant, et vous serez tellement enthousiaste quant à toutes les possibilités que vous vous mettrez à imaginer constamment de nouvelles façons de parler de vous-même positivement avec puissance et amour. Ce nouveau rapport au langage influencera tout naturellement votre vocabulaire et votre mode de pensée au quotidien. Libérez les mots, les pensées et les rêves les plus séduisants que vous connaissez ! N'ayez pas peur, c'est à votre tour de monter sur scène !

Voici la version amplifiée, avec des mots forts qui la rendent plus prégnante :

Je suis une personne extraordinaire parce que je suis attentionné, beau et généreux.

J'aime cette journée parce que j'en suis responsable. J'en fais ce que je veux ! Je suis puissant.

Je suis motivé ici et maintenant parce que je prends soin de moi. Je mérite de prendre ce temps pour préparer ma journée et en faire la meilleure du monde.

J'aime la vie. J'aime ma vie. Je m'aime ! La vie est pleine d'occasions en or à saisir partout où je regarde. J'en profite !

Je passe une excellente journée aujourd'hui ! J'ai un sourire radieux, j'ai envie de vivre ce qui m'attend minute par minute.

J'abandonne toutes mes peurs dès maintenant. À compter d'aujourd'hui et pour le reste de ma vie, je suis responsable de mon succès.

Je bénis tout ce qui compose ma vie en ce moment. Mon café, ma chaise, mon lit, ma famille, mes amis, toute ma vie.

J'ADORE me sentir si bien ! Youpi !

Hier, c'est du passé, et je n'y suis pas attaché. J'apprends du passé et j'avance.

Je suis prêt à m'aimer aujourd'hui, ici et maintenant. Cela crée un moment très fort pour moi et m'assure un avenir glorieux.

Des portes s'ouvrent partout autour de moi qui mènent à des possibilités sensationnelles. Je m'en réjouis.

J'aime la capacité que j'ai acquise de me sentir merveilleusement bien grâce au simple pouvoir des mots que je prononce. Je suis extraordinaire.

Je peux accomplir tout ce que je veux, parce que je suis dégourdi, créatif, et que je le mérite. Je me choisis et je rends hommage à la personne que je suis.

Ma vie est de plus en plus extraordinaire chaque jour. La vie me soutient de toutes les façons possibles.

J'approuve qui je suis. Je me débarrasse de mes pensées et de mes croyances bornées.

Tout est merveilleux aujourd'hui. Je suis admiratif devant ma vie éclatante, mon apprentissage et ma croissance.

Je dispose de tout le temps du monde pour faire ce que je veux aujourd'hui.

Je me sens formidablement bien parce que je suis authentique, en bonne santé, beau et plein d'énergie.

Aujourd'hui est un jour incroyable, et je puise dans ma réserve d'émotions puissantes et nourrissantes. Je le sens jusqu'au bout de mes ongles !

Ce rituel est amusant et j'aime l'aborder comme un jeu. Je suis léger et enjoué.

Il y a de l'amour et de la lumière autour de moi. Je suis empathique, attentionné et aimant envers moi-même et envers les autres.

Si je veux faire quelque chose, je vais y arriver. J'ai le cœur heureux et l'esprit créatif. Mes pensées sont positives et mes émotions sont joyeuses. Ainsi, ma vie est extraordinaire.

Je suis brillant et j'aime apprendre.

Il n'y a personne d'autre au monde comme moi.

Je suis sexy et j'ai confiance en moi !

Je vis une vie totalement nouvelle et c'est moi qui l'ai conçue.

Je suis plein d'optimisme et mon destin me passionne.

Conseil d'expert nº 1 : employer *parce que* pour mieux réussir

Exemple :

Je trouve ça très facile de m'entraîner tous les jours où je prévois de le faire parce que je sais à quel point faire de l'exercice m'aide à me sentir bien.

Employer *parce que* est une technique habile pour améliorer votre scénario, des études scientifiques ayant démontré tout le pouvoir de ces petits mots. Quand on utilise (ou qu'on entend) *parce que*, on a plus de chances d'approuver ce qui est dit ou de faire ce qui nous est demandé. Les mots qui suivent précisent la raison d'agir. Ils offrent une justification à l'action en suggérant une forte relation de cause à effet.

Votre cerveau se met à l'écoute quand vous employez *parce que* et vous accordez ainsi plus d'importance à votre rituel. En associant votre scénario à des résultats définis, en lui donnant un sens clair, vous vous convaincrez qu'il aide à accomplir les objectifs que vous vous êtes fixés. Alors, donnez-vous les moyens de réussir et saupoudrez votre scénario de *parce que*… parce que cela fera toute la différence !

Conseil d'expert n° 2 : susciter la joie à l'aide de détails

Soyez créatif et jouez avec les mots que vous employez. Ils peuvent et doivent changer avec le temps parce que votre rituel évolue. Quand j'écris mon petit rituel, je commence par consigner tout ce qui me passe par la tête. Puis, je corrige, je polis chaque phrase jusqu'à ce qu'elle me procure de la joie. Marie Kondo, l'autrice du *Pouvoir étonnant du rangement : désencombrer sa maison pour alléger sa vie*, se demande au sujet de chacune de ses possessions : est-ce que cet objet (meuble, chemisier, vase, etc.) me procure de la joie ? Sinon, je m'en débarrasse. Eh bien, c'est la même chose pour votre scénario, il faut le corriger jusqu'à ce que tout ce qui reste suscite en vous de la joie.

Par exemple, je cherchais une phrase à propos de l'effet de l'âge… mais inversé. J'ai joué avec des expressions comme *déprendre de l'âge*, *vieillir à rebours*, etc., mais j'ai fini par me rendre compte que je ne voulais pas du tout entendre parler de *vieillir*, ni même d'*âge*. Ces mots ne me remontent pas le moral, même si on en inverse le sens de façon ludique.

Question de lourdeur et de connotations thérapeutiques. Alors je me suis remise à écrire, afin de tester l'effet de différentes formulations sur moi. Voici quelques étapes de ce cheminement :

Je déprends de l'âge.

Je vieillis à rebours.

Mes gènes d'inversion du vieillissement agissent en ce moment même.

J'ai l'air jeune et je me sens jeune.

Hum… oui, on s'approche…

Je suis jeune et belle.

Voilà ! La joie attendue est au rendez-vous. *Ding ding !* J'ai trouvé la phrase que j'aime, celle qui suscite en moi une émotion spéciale. Cela sonne exactement *comme il faut.*

Ensuite, je suis allée encore plus loin. Je me suis mise à décrire des éléments plus précis. Plus je donnais de détails à mon cerveau, plus c'était facile pour lui de suivre mes instructions. Nos cerveaux aiment les mots qui renvoient à des images mentales, et si nous leur offrons de telles images, eh bien, c'est plus facile pour eux de rendre la chose concrète jusque dans notre corps. Alors j'ai écrit :

Mon corps produit beaucoup de collagène, ma peau est parfaite, douce et nacrée.

En fin de compte, j'aimais tout autant les deux phrases. J'ai donc ajouté au scénario :

Je suis jeune et belle. Mon corps produit beaucoup de collagène, ma peau est parfaite, douce et nacrée.

Vous comprenez maintenant comment, partant de mon désir de renverser le vieillissement grâce à mon rituel café, j'ai écrit et corrigé cette idée jusqu'à ce qu'elle résonne parfaitement en moi, afin de concevoir l'affirmation la plus puissante possible. Nos cerveaux aiment la clarté. En faisant évoluer votre scénario, n'hésitez pas à employer des mots puissants et des détails descriptifs pour créer des images singulières qui dépeignent exactement ce que vous souhaitez.

Voici un autre exemple. J'ai commencé par :

Je vis dans l'abondance.

C'est bien. Simple, positif. Mais c'est aussi un peu vague, alors je suis allée plus loin. Je me suis demandé ce que l'abondance signifiait exactement pour moi. Et, partant de cette phrase toute simple, cet élément de mon scénario a évolué jusqu'à devenir :

Je dispose de temps en abondance pour faire tout ce que je veux. Je suis éclatante de santé. Je suis pleine de vitalité et d'énergie, tellement que je saute du lit chaque matin. Je suis prospère et ma vie abonde d'occasions en or à saisir pour gagner des tonnes d'argent.

Comme vous le voyez, j'ai amplifié l'idée de la simple abondance et lui ai accolé plus de détails, tout en m'assurant de garder le scénario simple et précis. Ce n'est pas nécessaire de donner un style grandiloquent à vos phrases, à moins que cela n'ait une résonance plus forte pour vous ! J'aime bien commencer par des affirmations évidentes et simples, puis j'augmente la force des termes descriptifs tout en veillant à ce que le thème demeure clair et précis.

Surprenant, mais souvent vrai : une fois que vous vous mettrez à écrire ou à penser aux phrases affirmatives qui formeront votre scénario, vous serez *soufflé* par la quantité de choses que vous pouvez dire, améliorer ou changer. À force d'imaginer toutes sortes de choses inspirantes et incroyables à dire, à penser et à ressentir, vous réaliserez que les digues ont cédé. Un jour, mon petit rituel café a duré plus de trente minutes tellement j'avais de sujets à traiter ! (Au début, mon rituel de base ne prenait que cinq minutes. Je l'ai allongé progressivement. Il me prend aujourd'hui environ vingt minutes, adaptable en cinq ou en dix si je suis pressée. Un scénario qui ne couvre qu'un sujet déterminé, l'écriture par exemple, ne prend que cinq minutes.)

L'idée, c'est que vous arriviez à imaginer la vie formidable que vous désirez, pour pouvoir ensuite écrire un scénario qui reflète cette vie comme si elle avait déjà lieu, au présent. Quand les digues céderont, ne vous inquiétez pas, essayez simplement d'épingler un maximum de choses en les écrivant (ou en les enregistrant) au fur et à mesure. Il sera toujours temps d'y apporter des retouches plus tard. Lorsque votre muse est déchaînée, ôtez-vous de son chemin !

Continuez à bonifier votre scénario au fil de votre inspiration. Si une phrase en particulier vous fait vibrer, répétez-la encore et encore comme un mantra étincelant. Cela vous fera l'effet d'une transe et vous verrez que la phrase vous reviendra soudainement en tête à toutes sortes de moments dans la journée, vous énergisant comme un petit courant électrique de joie et de confiance en soi.

Parfois, quand j'écoute de la musique, je repère des paroles qui seraient idéales pour mon rituel… et je les y ajoute !

Quelle que soit votre source d'inspiration, soyez créatif et ayez du plaisir à trouver les mille et une façons de vous dire des choses aimantes et inspirantes.

LA PLUS GRANDE DÉCOUVERTE,
TOUTES GÉNÉRATIONS CONFONDUES,
EST QU'UN ÊTRE HUMAIN
PEUT CHANGER SA VIE EN CHANGEANT
D'ATTITUDE.

WILLIAM JAMES

CHAPITRE 6

COMMENT METTRE EN PRATIQUE SON PETIT RITUEL CAFÉ

AU chapitre précédent, vous avez appris à écrire votre propre scénario de rituel café. C'est la première étape du processus. À présent, il vous faut apprendre comment mettre votre rituel en pratique.

La CLEF d'un rituel réussi : l'investissement émotionnel

L'une des meilleures façons de faire de votre rituel un succès, c'est de vous investir émotionnellement dans les mots que vous prononcez. C'est essentiel à la réussite de votre mission, alors partons à la découverte de ce concept.

Les mots que vous employez (ou ceux que vous pensez) en accomplissant votre petit rituel café ont un pouvoir équivalent à la charge émotionnelle que vous ressentez en les disant ou en les pensant.

Laissez-moi reformuler tout ça…

Les mots que vous dites sont aussi importants que ce que vous ressentez, et ce que vous ressentez est aussi important que les mots que vous prononcez. Si les mots sont le beurre d'arachide, les sentiments sont la confiture. Si les mots sont des petits pois, les sentiments sont les carottes. Humphrey Bogart et Lauren Bacall. Il faut être deux pour faire la paire… C'est un mariage. Bref, on veut les deux !

Pour les mathématiciens d'entre vous :

Mots positifs (ou pensées positives)
+ charge émotionnelle = expérience maximale

Comment mettre ça en pratique

Imaginez les choses ainsi. Vous pouvez dire :

Je suis formidable.

Mais si vous n'y investissez aucune émotion réelle, comme l'amour, la joie ou la gratitude, cela n'aura pas le même sens ni la même puissance. Les différents secteurs de votre cerveau ne travailleront pas main dans la main et ce ne sera pas aussi facile de le reprogrammer ni de concrétiser vos rêves avec la même vitesse et la même force.

Une discussion avec soi-même effectuée avec des émotions faibles ou neutres appelle une note de B-. C'est acceptable… Des mots, c'est déjà mieux que rien, mais on est bien loin du A+ qu'on mérite en osant un vrai investissement émotionnel. Vous serez premier de la classe et vous obtiendrez des résultats bien plus rapidement dès que vos émotions seront appariées aux mots que vous vous adressez.

Remarque : pour certaines personnes, au début, seuls les mots sont possibles. Les émotions semblent trop lointaines et irréalistes. Si c'est le cas, aucun problème, commencez par les mots ! Répétez votre formidable petit rituel encore et encore, même si vous n'y croyez pas… pour le moment. Parce qu'avec le temps, ça viendra. Je vous le promets.

Quand vous prononcez les mots de votre scénario en les accompagnant d'une émotion profonde comme l'amour, vous vous sentez formidablement bien, et vous produisez une sorte d'énergie exceptionnelle. Vous vous sentez sans limites. Puissant. Sûr de vous. Vous ressentez *réellement* l'admiration. Vous *faites l'expérience* de la gratitude. On appelle ces émotions les *énergies de haute fréquence* parce qu'elles agissent sur une fréquence si intense qu'elles attirent vers vous toutes ces choses dont vous avez rêvé pour votre vie. Lorsque vous dites (ou lisez) votre scénario de rituel café et que vous vous investissez émotionnellement, votre cerveau arrive mieux à simuler que vous vivez dans une telle réalité.

En d'autres termes, ne débitez pas votre rituel comme si vous lisiez une liste de courses. C'est vrai, vous pourriez simplement répéter les phrases encore et encore, sans émotion, et quand même susciter des changements et vous sentir mieux au bout d'un moment. C'est une conséquence naturelle d'une bonne discussion avec soi-même... votre cerveau se mettra à se reprogrammer tout doucement. Mais les connexions neuronales vont atteindre une force digne de Hulk et vous rencontrerez un énorme succès beaucoup plus rapidement si vous prenez la peine de bien sentir chacune des phrases que vous dites, dans votre cœur et dans vos tripes, comme si vous y croyiez vraiment.

Encore une fois (parce que ça vaut la peine de le répéter !), *ce n'est pas grave si l'affirmation n'est pas encore vraie.* Le cerveau ne reconnaît pas la différence. Il se reprogramme quand même. Lorsqu'il y a des émotions en jeu, il se dote de courroies de transmission de plus en plus épaisses et résistantes. Les émotions sont ce qui permet au cerveau de comprendre : « Ceci est important ; je devrais prêter attention à ce qui est en train de se passer ! » On se construit des souvenirs de la même façon. Plus les émotions sont fortes, plus le souvenir sera prégnant.

Prenons un exemple. D'abord, lisez la phrase suivante comme un robot, sans la moindre émotion :

Je passe une journée magnifique aujourd'hui.

Maintenant, fermez vos yeux et imaginez ce que ce serait de passer réellement la plus belle journée de votre vie. Sentez-le vraiment jusqu'au bout de vos orteils. Si nécessaire, prenez quelques instants pour vous mettre dans le bon état d'esprit.

Puis, en gardant en tête un tel niveau de joie, dites à nouveau, mais cette fois-ci avec 100 % de charge émotionnelle :

Je passe une journée magnifique aujourd'hui !

Sentez-vous la différence ?

Bien sûr que vous la sentez ! Voilà le travail de vos émotions ! C'est ça, être cohérent. Pensez-y bien : vous avez dit à vos émotions quoi faire et elles vous ont obéi. Vous êtes aux commandes. Vous l'êtes toujours. Vous n'avez qu'à utiliser le pouvoir dont vous disposez déjà pour maîtriser cette partie de votre cerveau.

À présent, faites appel à des émotions tout aussi puissantes et dites à haute voix, avec le plus de passion possible :

Je vis une vie extraordinaire pleine d'occasions en or à saisir. Tout ce que je fais est un succès. Le succès me poursuit.

Ce serait vraiment extraordinaire si c'était le cas, non ?

Allons encore une fois au fond des choses. Que ressentez-vous quand vous êtes béat d'admiration ? Quand vous avez l'impression de vous dissoudre dans le grand tout ? Allez puiser à cette source. Si vous n'êtes toujours pas certain d'y être, demandez-vous ce que ça prendrait pour que vous ressentiez une admiration béate… Peut-être est-ce la naissance d'un bébé ou la vue d'un coucher de soleil depuis le sommet d'une montagne… ou encore apercevoir des vagues bioluminescentes ou des aurores boréales ? Est-ce que ces choses vous remplissent de béatitude ? Si oui, vous la connaissez, cette émotion. Voyez l'image dans votre esprit tandis que vous ressentez chacune des phrases de votre rituel.

Votre objectif est de viser une charge émotionnelle en prononçant chacune des phrases de votre scénario. Les émotions intenses dans lesquelles vous pouvez puiser sont nombreuses. En voici quelques exemples :

- L'amour
- La béatitude
- L'inspiration
- La joie
- La sérénité
- La générosité
- L'abondance
- La plénitude
- Le courage
- La confiance
- La gratitude
- L'enthousiasme
- Le bonheur

... et ainsi de suite.

Quand vous ressentez une de ces émotions, vous sentez que vous vous élevez. Vous pouvez puiser dans n'importe laquelle d'entre elles lors de votre petit rituel café. Vous n'avez pas besoin d'avoir recours à chacune. N'importe laquelle fonctionne pour ennoblir vos émotions, reprogrammer votre cerveau à l'aide de courroies dignes de Hulk et vous permettre de vous sentir mieux.

Voici un autre exemple :

Je suis sur la voie de la guérison et de la santé en ce moment. Je me sens en forme !

Comment se sent-on quand on est en bonne santé, rempli de vie ? Imaginez ce que ce serait... Puisez à cette source... Emparez-vous-en ! Vous sentiriez-vous énergisé ? Tonique ? Fort ? Souple comme une panthère ? Reliez ces sensations à cette phrase de votre petit rituel café. Bang ! Vos pensées additionnées de telles émotions vont créer votre *nouveau vous-même.*

Voici un petit raccourci pour vous aider à augmenter les sentiments et les émotions cachés derrière les mots : choisissez des mots efficaces. Des mots puissants. Certains mots sont des déclencheurs, des mots de passe. Quand on les choisit avec soin, ils transforment le « Ouais... pas sûr... » en «*Waouh, c'est exactement ça !* ». Encore une fois, la charge émotionnelle fera tout arriver bien plus rapidement. *Sentez les choses pour qu'elles deviennent vraies.*

Voici quelques mots qui suscitent des émotions plus profondes. Choisissez ceux qui vous parlent, puis intégrez-les à votre petit rituel café.

Abondant
Absolument
Agréable
Animé
Béat
Brillant
Calme
Colossal
Comblé
Concentration
Confiant
Créatif
Détendu
Digne
Doué
Drôle
Encourager
Énergisé
Ensoleillé
Enthousiaste
Équilibré
Étincelant
Extatique
Extraordinaire
Facile
Formidable
Heureux

Incroyable
Inspirant
Instantanément
Investi
Joyeux
Léger
Liberté
Ludique
Lumineux
Merveilleux
Motivé
Naturel
Ouvert d'esprit
Posé
Radieux
Ravi
Remarquable
Rieur
Scintillant
Sensationnel
Serein
Souriant
Spontané
Utile
Talentueux
Vigoureux

Alors, vous avez envie d'essayer ? Amplifiez votre énergie en vous investissant émotionnellement afin de faire passer votre petit rituel café à la puissance turbo et de faire advenir vos rêves plus rapidement. Plus vous arriverez à conserver cette charge émotionnelle tout au long de la journée, plus nombreuses seront les occasions d'améliorer votre santé, votre forme, votre succès, vos amours et vos moyens financiers. Le moment est venu de reconnaître la force et le pouvoir qui se trouvent en vous.

UNE PERSONNE
EST CE À QUOI ELLE PENSE
TOUTE LA JOURNÉE.

RALPH WALDO EMERSON

CHAPITRE 7

LE PETIT RITUEL CAFÉ DE KRISTEN

Avant d'aller plus loin, j'aimerais partager avec vous mon propre petit rituel café, pour vous donner une idée de là où j'arrive à amener tout ça.

Comme je l'ai dit, il me faut vingt minutes pour le lire au complet, et de cinq à dix quand je suis pressée. Je dis les phrases, je les digère, je leur insuffle une charge émotionnelle, je laisse chacune d'entre elles m'atteindre jusqu'au fond des os, résonner à l'intérieur et irradier vers l'extérieur comme des rayons de soleil. C'est un bel exercice et je m'illumine comme un sapin de Noël. On a vu pire comme façon de commencer la journée, vous ne trouvez pas ?

Dans ce livre, je n'inclus ni images ni émoticônes (même si j'en utilise beaucoup, je vous en parlerai davantage dans le chapitre 8). Ce que vous découvrirez ici, ce sont les mots que j'utilise. Vous remarquerez qu'il y a beaucoup de répétition. C'est un choix assumé, puisque la répétition est un outil puissant pour aider le cerveau à se souvenir, pour le stimuler et mieux le programmer. Parfois, je redis la même chose exactement de la même façon. Parfois, je le dis différemment.

Je répète : *la répétition est puissante.* Servez-vous-en.

Alors, sans plus tarder… bienvenue dans mon petit monde intérieur. Prenez place et appréciez le spectacle.

Le petit rituel café de Kristen

Et c'est parti !

Je bénis tout ce qui est dans ma vie, ici et maintenant, de mon amour et de ma reconnaissance. Ma vie est pleine d'émerveillement et de béatitude. Je suis puissante. Je me réveille chaque jour en sentant la puissance et le bonheur couler dans mes veines, et cela me donne l'énergie de vivre une journée exceptionnelle.

Je mérite ce qui m'arrive, je suis forte, et je crois en ma capacité à réaliser mes rêves.

Je serai à jamais reconnaissante d'avoir cette vie. J'apprécie ma famille, mon lit confortable, mon café délicieux, mes chaussures, l'abondance de moyens dont je dispose, mon corps merveilleux, mes yeux en bonne santé, mes dents saines, ma belle personne, et tout ce que j'ai.

J'aime la puissance dont je dispose dans la vie… celle de créer la vie que je veux. Je peux me sentir bien dès maintenant, peu importe ce qui arrive, et je possède la clef pour obtenir tout ce que je désire.

Qu'est-ce que j'accueille aujourd'hui dans ma vie ?
J'accueille la gratitude. J'accueille mon reflet dans le miroir, je lui fais des sourires et des clins d'œil. J'accueille l'amour, la santé, l'argent et l'abondance. Je reçois avec gratitude tout ce que j'ai créé parce que je le mérite. Mon corps affiche la meilleure santé du monde.

Quel est l'idéal de moi-même que je me fixe pour aujourd'hui ? Quelles nouvelles possibilités sont là à attendre d'être explorées ? Regarde, elles sont à ta portée.

Je suis au bon endroit, au bon moment, et je fais ce qu'il faut. Tout est chatoyant, scintillant et merveilleux dans mon monde.

Je suis ma propre héroïne. Il n'y a personne au monde comme moi. Je suis moi et je m'aime. J'apprends et je grandis en permanence. J'aime comment je pense, comment je me sens. J'aime le pouvoir que j'ai de créer la vie que je désire.

J'ai l'énergie et l'enthousiasme de vivre ! Tout me tente ! Allez ! Youpi !

J'ai des qualités naturelles d'enseignante et de meneuse. Je pense différemment. Je fais mes propres choix. J'ai traversé la rivière du changement. Il n'y a pas de retour en arrière possible, parce que je suis une nouvelle Kristen. Prends ton envol, sublime papillon !

Je ne mène aucune pensée, aucune phrase, ni aucune affirmation négative à terme ; je les renverse immédiatement grâce à une énergie inspirante, et je me sens bien chaque fois que je le fais.

Ma vie est pleine d'émerveillement et de béatitude. Je suis puissante.

Je suis calme parce que je suis sûre de moi et de mes capacités. Je mérite d'obtenir tout ce que mon cœur désire. Mon corps est sain et plein de vie jusque dans chaque cellule, des pieds à la tête, à l'intérieur et à l'extérieur. Je suis jeune et belle. Mon corps produit beaucoup de collagène, ma peau est parfaite, douce et nacrée.

La meilleure façon de prédire mon extraordinaire futur est de le créer à même l'inconnu. Je l'ai pris en main. Je me suis mise en route !

Lorsque je me sens à la hauteur, enthousiaste, saine, reconnaissante, joyeuse, béate, généreuse et puissante, c'est comme si mes désirs étaient déjà exaucés. Ainsi, je connecte mes émotions actuelles à celles qui m'attendent dans le futur, et mon corps croit que ce futur est arrivé. En maintenant ce lien, j'accélère la réalisation de mes rêves.

Tout ce que j'accomplis est couronné de succès. Tout ce que je touche est un succès. Je vais de succès en succès et je m'amuse constamment. Je mérite ce qu'il y a de mieux et je l'accepte dans ma vie. L'argent est facile à obtenir !

L'argent m'aime ! L'argent m'aime ! L'argent m'aime !

Je suis une excellente administratrice avec mon argent, j'aime en profiter et en faire profiter les autres.

Je me sens en bonne santé, forte, authentique et vivante.

Je SUIS l'amour. La reconnaissance. La joie. La béatitude. L'enthousiasme. La générosité.

Je me sens puissante. Je suis dans la félicité.

Je n'ai aucune limite. Je suis une créatrice.

J'encourage les autres. J'offre des compliments fréquents à mes êtres chers et aux inconnus aussi. Un simple compliment peut faire toute la différence dans une journée, et tout particulièrement s'il vient d'une inconnue. Je dispense le bien dans le monde. Je complimente quatre personnes tous les jours. Je commence par moi-même. Puis, je complimente une personne dans ma famille. Puis, une personne proche hors de ma famille. Enfin, une personne inconnue.

Je fais preuve de compassion. Je suis charismatique. J'aime ma nouvelle vie.

J'accepte de vivre dans cette réalité où l'argent m'est disponible. ***Je sais que mon cerveau est superpuissant, et j'apprends tout ce que je veux*** *facilement, y compris l'italien. J'ai du talent pour la création et je suis une écrivaine prolifique. J'accepte avec reconnaissance d'accueillir cette merveilleuse vie pleine de liberté !*

Au cœur de mon être se trouve la réponse ; je sais qui je suis et je sais ce que je veux. (Bouddha, citation réécrite à la première personne.)

Si j'ai droit à une avalanche de chance, c'est que je l'attends avec confiance et que mon imagination est nourrie et transportée par l'intensité de mes émotions.

J'ai une réserve inépuisable d'idées brillantes, de créativité et de prospérité rutilante. J'ai plusieurs sources de revenus. J'accueille tout le bien qui vient vers moi par des voies connues et inconnues ! Je suis à la hauteur.

Mon cœur reconnaissant est toujours proche des richesses et de l'abondance créative de l'univers. Je suis reconnaissante d'avoir une si belle vie.

Je regarde le monde autour de moi et je sens la présence d'une lumière et d'une énergie vive et sereine : le monde est plein d'optimisme et de compassion. Je répands la joie.

Il y a tant de beauté autour de moi, aujourd'hui, demain, et tous les autres jours.

Des portes s'ouvrent partout où je vais. *Je suis entourée d'occasions à saisir et je les accueille.*

Je mérite ce qui m'arrive et je suis prête à le recevoir. Je me sens en bonne santé, forte, authentique et vivante.

Quand je conduis mon subconscient à croire que la santé, la prospérité et l'abondance m'appartiennent et qu'elles circulent constamment dans ma vie, elles seront miennes pour toujours, sous une forme ou une autre. Je peux être, avoir ou faire ce que je veux. Je suis la vibration. Je suis l'électricité. Je crée mon avenir.

La santé, la prospérité et l'abondance m'appartiennent. *Elles circulent autour de moi et dans ma vie. Je mérite ce qui m'arrive. Nous le méritons tous !*

Je peux faire ce que je veux. Je me lance et je l'obtiens ! Je suis au sommet du monde et je m'élance. Je ne connais pas de limites.

J'ai une quantité d'énergie débordante et elle me fait bourdonner. Je suis électrique. Bzzz, bzzz, bzzz !

Je pense clairement, et ce, tous les jours. Je m'aime.

Je mérite le bien qui m'arrive. Je mérite le bien qui m'arrive. Je mérite le bien qui m'arrive. *Je mérite d'obtenir tout ce qu'il y a de meilleur dans la vie.*

J'ai le talent de la création et je dispose d'une inspiration abondante.

Je suis magnifique. Je suis aimable. J'approuve la personne que je suis.

Les portes entre les dimensions s'ouvrent devant moi afin que je puisse faire l'expérience du mystique. La synchronicité est partout.

Mon corps est plein de vitalité et de force. *Je déborde d'énergie positive, de santé et d'amour. Cela attire tout ce que je veux de la vie. Je suis jeune et heureuse. Les gènes de la jeunesse s'expriment en moi. Je m'aime. Toujours. Je suis heureuse et sereine. Mon corps exprime les gènes de la longévité.*

Je me sens profondément aimée tous les jours. Je mérite l'excellence, l'amour et la vitalité. Je suis authentique. Je dispose de temps, d'énergie et d'aide en abondance.

Mon corps se sent de plus en plus jeune avec chaque jour qui passe. Je ressens du bonheur tous les jours. Mon système immunitaire est puissant et fort.

Mon énergie peut guérir et les autres en bénéficient.

Il y a une puissance en moi et autour de moi.

Il y a dans mon esprit et dans mon cerveau **une réserve abondante de concentration et ma mémoire est précise.**

Je me réjouis de la prospérité de tous. *J'aime quand la chance sourit aux autres. Et en aimant cela, j'attire aussi la chance vers moi. Nous sommes tous connectés.*

Ce que je cherche me cherche aussi. Comme je me suis réglée à la fréquence électromagnétique de la prospérité, je suis un aimant puissant qui attire tout ce qui m'est destiné. Je me sens bercée par une vague océanique de paix en ce moment même.

J'ai des ailes. *Je me sens libre, légère, calme, patiente, reposée et détendue. Je suis en forme, forte, heureuse et débordante de vie. Je suis prête à recevoir.*

Je crois en moi.

Croyez-le ou non, vous n'avez pas sous les yeux l'entièreté de mon petit rituel café quotidien. Imaginez des tas d'émoticônes et d'images puissantes qui accompagnent tout cela (voir le chapitre 8). Et il peut en exister différentes versions, au gré des mots que je corrige et des nouvelles phrases qui me viennent en tête tout au long de la journée.

Par ailleurs, je me suis rendu compte que certaines choses étaient constamment présentes à mon esprit désormais, et donc, que je n'avais plus besoin de les inclure dans le scénario. Elles ont été intériorisées. La répétition n'est plus nécessaire. Ce qui veut dire que je peux les remplacer par quelque chose de nouveau.

Il m'arrive aussi d'apporter quelques modifications simplement pour le plaisir de la nouveauté. Répéter les mêmes phrases encore et encore peut devenir lassant, comme pour la plupart des choses dans la vie. Faire des changements, que ce soit l'ajout d'une image un jour ou le déplacement de quelques mots le lendemain, assure que le tout reste vivant. Et quand cela reste vivant, votre cerveau demeure plus attentif.

Plus loin dans ce livre (dans la deuxième partie), je vous présenterai plusieurs autres scénarios de rituel café pour vous aider à vous lancer, ou pour vous guider dans l'écriture du vôtre.

Mais avant qu'on se plonge là-dedans, j'aimerais vous confier une autre histoire personnelle, après quoi nous découvrirons quelques techniques supplémentaires pour faire passer votre scénario à la puissance turbo, et ainsi l'élever au niveau supérieur afin qu'il imprègne tous les aspects de votre vie.

Comment mon rituel café m'a transformée en écrivaine de romans d'amour

J'aimerais vous raconter la façon dont mon petit rituel café a opéré une transformation vraiment unique dans ma vie. D'abord, quand je m'y suis mise, ma vie s'est améliorée immédiatement, dès le premier jour. J'étais plus heureuse, j'avais plus d'énergie, plus d'allant. Ma vie était plus simple, plus agréable. Cela m'a rendue plus sûre de moi, je me sentais belle, et cela m'a motivée à entreprendre les projets de mise en forme et de bien-être que j'avais couchés sur papier.

Mais j'avais consigné autre chose dans mes scénarios. Un désir qu'à l'époque je ne savais honnêtement pas comment réaliser, ni même si c'était possible. Mais comme, jusque-là, me parler à moi-même m'avait déjà fait un bien fou, je me suis dit : « Au diable les doutes ! » et je me suis lancée. Qu'est-ce que j'avais à perdre ?

J'ai créé un scénario complet pour m'aider à devenir une écrivaine. J'avais écrit beaucoup de textes, mais jamais de fiction. Un monde qui était resté étrange et mystérieux pour moi. Je n'en avais même pas lu tant que ça ces dernières années. Pour tout dire, la façon dont je me parlais de ma capacité à inventer des histoires était atroce. Je ne m'étais jamais considérée comme une conteuse. Je n'avais jamais cru avoir la capacité de le faire. Elle appartenait à d'autres, à ce type solitaire à l'école qui trimballait toujours un cahier de notes pour jeter des idées sur papier, par exemple. Elle ne m'appartenait pas à moi, en tout cas.

Évidemment, après que j'ai commencé mon petit rituel, je me suis rendu compte que mes croyances concernant mon incapacité à écrire de la fiction… étaient elles-mêmes *une fiction* ! Pure fabrication. D'où venaient-elles ? Qui sait ? On s'en fout. Le temps était venu de les changer…

Alors je me suis mise à inclure des phrases renvoyant au métier d'écrivaine dans le scénario de mon petit rituel café. En les ajoutant à un scénario qui me plaisait déjà, et auquel je croyais, je suis arrivée à insérer quelques phrases sur un talent que je ne croyais *pas du tout* détenir. Imaginez, je ne savais même pas par où commencer.

J'ai ajouté quelques phrases comme :

Je suis une écrivaine prolifique. J'ai du talent pour la création. Il y a une abondance d'histoires en moi. C'est facile pour moi d'écrire des romans.

Et voilà. J'ai ajouté plusieurs phrases dans cet esprit-là et je me suis remise à mon rituel café tous les matins, jour après jour.

Et vous savez quoi ? Un jour, j'étais assise dans la cour de la maison de ma mère en Arizona, pendant le confinement dû à la pandémie de COVID-19, et une idée d'histoire m'est venue. De nulle part, semblait-il. Tombée du ciel. *Waouh ! Épatant.* Je me suis même retournée pour voir si quelque chose m'avait mis l'idée en tête. Euh, ça vient vraiment de moi… genre, de moi-même en personne ? Une idée d'histoire ?

Tombée du ciel.

Mais… venait-elle vraiment de tomber du ciel ?

Question : quelle est la source de toute créativité ?

Réponse : le subconscient !

Bien sûr que je ne pouvais pas savoir d'où venait cette idée. C'est le sens littéral de *subconscient*, après tout.

Mais comment le subconscient apprend-il à générer des idées d'histoires ?

Réponse : on le programme pour ça. Dans mon cas, grâce aux paroles positives que je m'adressais. C'est la seule façon d'expliquer pourquoi cela ne m'était pas arrivé une seule fois en quarante et quelques années, jusqu'à ce que je me mette à inclure à mon petit rituel café l'idée d'écrire de la fiction. Pas une seule idée d'histoire avant cela. Pas la moindre petite idée.

Puis je me suis mise à me dire que j'avais des tonnes d'idées. Et du jour au lendemain, elles se sont mises à pleuvoir.

J'étais sous le choc. Même si je croyais au pouvoir de ce qu'on se dit à soi-même, je dois avouer que la vitesse de la transformation et la clarté de l'événement semblaient trop belles pour être vraies. Cela ressemblait à de la magie.

Mais ce n'est pas resté un événement isolé. Cela s'est répété. J'ai décidé de m'investir à fond pour déployer une des histoires et... les scènes se sont mises à débouler dans mon esprit !

Cela m'arrive tellement fréquemment à présent (j'aurais dû le deviner !) que je ne le ressens plus comme un choc. Je m'attends à ce que des idées d'histoire me tombent dessus à l'improviste. Et à présent, quand une histoire ou une scène m'apparaît, je réagis en m'adressant quelques mots d'encouragement : « Allez, vas-y, ma fille, t'es une championne ! »

C'est ainsi que mon petit rituel m'a fourni un nouveau talent, une compétence que je n'aurais jamais même rêvé pouvoir posséder. Et bien que je ne dise plus des choses pareilles à présent (des mots comme « Je n'aurais jamais pensé que je pouvais faire... »), je les retranscris ici pour témoigner de mon histoire, car c'est important de comprendre le mode de pensée que j'ai abandonné.

On fait un saut dans le temps de six mois. Alors que j'écris ceci, j'ai déjà pondu six romans d'amour sous le nom de plume Brisa Starr. C'est donc six romans en cinq mois, ce qui revient à environ six mille mots par jour durant la phase d'écriture (qui précède la phase d'édition). Et j'ai une liste d'idées pour mes prochains romans aussi longue que mon bras.

Mais d'où est venue toute cette créativité, apparue dans ma quarantaine, alors que je n'avais jamais écrit un seul mot de fiction de toute ma vie ?

Vous connaissez déjà la réponse. La créativité vient du temps que je prends pour me parler.

Cette percée, je l'ai vécue comme un barrage qui cède. Après avoir découvert qu'une histoire pouvait surgir de mon cerveau à moi, je ne pouvais que me rendre à l'évidence : « Oui, c'est vraiment possible. » Comme quand Roger Bannister a réussi à courir un mile en moins de quatre minutes, en 1954 : c'était une performance qu'on ne croyait même pas possible, et quarante-six jours plus tard, son record était battu.

En d'autres termes, une fois que j'ai su que c'était possible... *je savais que c'était possible !*

Quelques nuits après l'irruption de cette première idée, je ne parvenais pas à trouver le sommeil. Mon esprit était tout encombré de nouvelles histoires en germe ! En vous racontant cela, en partageant cette histoire avec vous, j'ai envie de pleurer. Je m'étais crue nulle dans un domaine, et voilà que je le maîtrisais !

Et tout ça grâce au temps que j'ai pris pour me parler. J'ai reprogrammé mon cerveau et je me suis simplement dit :

Je suis une écrivaine prolifique. J'ai du talent pour la création.

Encore, encore, et encore. Et c'est devenu vrai.

Après ça, pour tout dire, j'étais sur une lancée. J'ai créé un scénario entier portant sur l'écriture. Je l'ai transcrit sur un grand carton aux couleurs de l'arc-en-ciel et je me suis enregistrée en train de le lire avec de la musique d'ambiance dynamique. Je l'ai écouté presque tous les jours. Les mois ont passé et je le fais encore.

Mon scénario de petit rituel café sur l'écriture

Je suis une écrivaine prolifique. J'écris dix livres par an.

J'aime mon cerveau. Il est fort, en bonne santé et puissant.

Je suis résiliente.

J'ai du talent pour la création. Je suis belle et imaginative.

Il y a une abondance d'histoires en moi.

Je suis courageuse.

Je suis impatiente de me réveiller le matin pour pouvoir écrire mes histoires.

J'aime ma vie et ma vie m'aime.

Je suis concentrée.

Je vis avec un niveau de conscience supérieur.

Mon cœur est comblé de joie et d'enthousiasme.

Mon cerveau déborde de BÉATITUDE.

Je me définis par l'idée que je me fais de mon avenir d'écrivaine à succès.

Les mots et les scènes de mes prochains romans fusent dans ma tête.

J'aime ma vie. J'aime mes histoires.

J'ai beaucoup de plaisir à écrire de la fiction.

Écrire des romans, j'ai ça dans le sang.

Je suis une écrivaine à succès.

J'écris de cinq à sept mille mots par jour.

Regardez comme je suis bien partie !

Je suis une millionnaire heureuse et sexy.

Je suis une écrivaine incroyable.

Écrire est emballant. Je suis une conteuse.

C'est facile et amusant d'écrire des romans pour moi.

Je dicte mes livres facilement grâce à mon enregistreur.

Je bénis mon ordinateur portable. Il me fournit de l'argent tous les jours.

Je m'aime. Tout va merveilleusement bien.

Ça, c'est le scénario original. Pour vous le transcrire, je l'ai relu à partir du carton géant sur lequel je l'ai écrit, et qui repose sur mon bureau.

Bientôt, j'en ferai une version plus orientée, car j'ai maintenant un nouvel objectif: écrire des romans de fantasy. J'écris en ce moment des romans d'amour torrides, et j'aime cela, mais j'ai décidé que je voulais aussi m'essayer à d'autres genres.

Mais devinez quoi ?

(Souvenez-vous, je ne me dis pas *vraiment* des choses comme celles que je vais recopier ici, mais… la programmation négative a essayé de s'imposer à nouveau.)

« Mais, Kristen, tu ne sais pas du tout comment on écrit de la fantasy. Comment arriveras-tu à créer ces mondes épiques, ces multitudes de personnages et ces grandes fresques ? Avec des guerres, des fées, des monstres et tous ces bidules magiques ? »

« Mouahaha ! » Je ris au nez de ces pensées geignardes qui osent me passer par la tête.

Bien sûr que je peux écrire de la fantasy ! Il suffit de me motiver à le faire. Je ne sais pas quand cela se réalisera, mais je sais très bien comment activer le processus… avec mon petit rituel café. Alors, dans mon scénario sur l'écriture, j'ajoute quelques phrases comme :

Je suis une écrivaine de romans de fantasy à succès.
Les mots et les scènes de romans de fantasy fusent dans ma tête.
Je crée des mondes de fantasy épiques, magiques et épatants !

C'est aussi simple que ça.

CHAPITRE 8

UN PETIT RITUEL CAFÉ À LA PUISSANCE TURBO

À présent que vous connaissez les bases du petit rituel café, le moment est venu de réfléchir à tout ce que vous pouvez accomplir avec ce turbojet lancé en direction de votre futur idéal. Poussons les choses plus loin en explorant toutes les façons d'améliorer votre expérience lors de vos séances.

J'ai régulièrement recours aux trucs suivants pour atteindre un résultat étincelant, miroitant, lumineusement épique.

1. Utiliser des images

Nos cerveaux adorent les images.

Vous pouvez rendre votre petit rituel plus puissant en ajoutant des images à votre scénario. Ce faisant, vous stimulez différentes zones de votre cerveau, ce qui vous aide à vous investir encore davantage émotionnellement.

Nos cerveaux aiment les images parce qu'elles sont plus mémorables que les mots. C'est pourquoi les experts de la mémoire disent que la clef pour se souvenir facilement des choses est d'utiliser des images mentales : elles vous aideront à vous souvenir toute la journée durant de ce que vous vous êtes dit lors de votre rituel, en l'imprimant plus fortement dans votre cerveau. Vous pouvez vous servir d'images tirées d'Internet, de photographies que vous avez prises, ou même d'esquisses et de petits dessins. Voyez ça comme la rencontre entre le petit rituel café et Pinterest ou votre cahier de scrapbooking. Les images confèrent la puissance turbo à la reprogrammation de votre cerveau.

Vous pouvez employer des images pour chaque phrase si ça vous fait plaisir, ou seulement pour quelques-unes, afin de créer un effet de mise en relief. Les images peuvent renvoyer directement à la phrase, mais ce n'est pas nécessaire. Ce qui est le plus important, c'est qu'elles véhiculent une forte charge émotionnelle à vos yeux.

Par exemple, s'il y a dans votre scénario cette phrase :

Je passe une journée absolument formidable aujourd'hui !

Vous pourriez ajouter une image juste après. Ce pourrait être n'importe quelle photo qui vous plaît en ligne : une image de l'océan, des montagnes, d'un animal, une reproduction d'œuvre d'art. Tant qu'elle suscite une émotion forte en vous.

Mon propre petit rituel café comporte plusieurs images prises sur Internet. Quand je les vois, je sens un pouvoir supplémentaire circuler en moi. Les images me donnent l'impression d'être électrique, elles amplifient mes émotions. Par exemple, il y a un passage de mon scénario où je parle de mon nouveau moi. Ça va comme suit :

Je suis une nouvelle personne. Je vois au fond de mon regard ce que les autres y voient. J'ai abandonné ma vieille identité et je vis une vie complètement nouvelle et magique, une vie que j'ai créée moi-même. Une vie dans laquelle je suis courageuse. Enthousiaste. Béate. Amoureuse de la vie. Patiente. Attentionnée. Une vie brillante comme de l'or.

Puis, après cette phrase, j'ai placé l'image d'un phénix qui brûle, se transforme et renaît de ses cendres.

Si vous souhaitez être en forme et en bonne santé, vous pourriez insérer l'image d'une chose qui vous aide à vous *sentir* ainsi. Peut-être est-ce la photo d'un plat sain. Ou de gens qui pratiquent un sport. Ou d'une course sur la plage avec un chien. Ou peut-être est-ce une représentation colorée des chakras, les centres énergétiques du corps. L'idée, c'est de trouver des illustrations que vous aimez et qui vous aident à vous investir émotionnellement. Distribuez-les au fil de votre petit rituel café pour vous inspirer et en augmenter la charge émotionnelle.

L'expérience de voir ces images en traversant votre petit rituel, c'est comme admirer un cahier de scrapbooking plein de vie et d'émotions intenses. Si vous ajoutez des images, que vous mettez en relief des éléments de votre scénario et que vous les lisez tout haut en regardant ces images, vos rêves se réaliseront plus rapidement. Vous pourrez pratiquement les voir se matérialiser en temps réel.

Si ce n'est pas de la puissance, ça !

2. Émoticônes !

Une autre façon amusante et rapide d'améliorer votre petit rituel café est d'y ajouter des émoticônes. Les pages de mes scénarios en sont recouvertes. J'aime entre autres l'arc-en-ciel, la boule de cristal, les cœurs de toutes les couleurs, les sourires, le soleil, la lune, les étoiles, le biceps bombé, la danse, le café (évidemment !), le sac plein d'argent, l'avion, la plage ou l'île, et le papillon (pour signifier la transformation). Soyez créatif. C'est une étape amusante et riche et vous verrez que vous en ajouterez avec le temps. La simplicité ludique des dessins nous touche d'une façon subtile, mais profonde, et c'est exactement ce qu'on cherche.

3. Polices spéciales, soulignement, italiques, caractères gras

Pour mettre certains éléments en relief, je souligne des mots, je les fais apparaître en caractères gras ou je les mets en italiques. J'utilise parfois plusieurs de ces options à la fois. J'aligne certaines phrases au centre, d'autres à droite, et je modifie l'espacement entre les mots pour ajouter un peu de diversité sur la page. J'utilise l'application Notes de mon iPhone pour ajouter mes propres petites esquisses aussi. Tout cela aide le petit rituel à résonner avec nos émotions, à retenir notre attention, et puis c'est aussi plus amusant, tout simplement.

4. Optimiser l'environnement de son petit rituel café

L'espace que vous choisissez pour le lire contribue à la réussite ou à l'échec de votre petit rituel café. C'est mieux de vous y adonner dans un lieu confortable et inspirant qui vous permet de garder une posture optimale, et non avachie ! Selon la recherche, s'asseoir très droit dans une bonne posture augmente l'énergie, réduit le stress et contribue à vous rendre plus heureux. Cela dit, si ça vous rend particulièrement heureux de vous pelotonner dans un gros fauteuil confortable… eh bien, je vous invite à faire ce qui vous procure le plus de bien-être.

Faites le tour de votre cuisine, de votre bureau et de votre salle à manger. Repérez les lieux les plus propices. S'il n'y a pas un endroit en particulier qui se démarque, saisissez l'occasion de réaménager un petit coin qui servira spécifiquement à votre rituel café. La plupart du temps, je m'adonne à mon petit rituel à la table de la cuisine, et parfois sur le sofa du salon. Quand je suis en visite chez ma mère en Arizona, je le fais sur la terrasse, le matin, sous le ciel toujours clair et bleu (c'est un de mes endroits favoris pour me livrer à mon petit rituel).

Lorsque vous avez choisi le bon endroit, vous pouvez entreprendre de l'aménager afin qu'il amplifie votre expérience, vos émotions et vos sentiments. C'est super important de créer le bon cadre autour de votre petit rituel café, parce que cela donne du sérieux à votre démarche. Elle n'en sera que plus efficace et puissante. Tâchez d'aimer l'espace où vous vous parlerez, car il va teinter votre humeur et vous aider à pérenniser votre rituel. Utiliser le même lieu tous les jours en fait un déclencheur qui vous met dans le bon état d'esprit, comme le café.

Cependant, si vous ne pouvez pas avoir accès au même lieu tous les jours, ne vous en faites pas. Pratiquez votre rituel là où c'est possible, tout simplement.

Plusieurs autres facteurs contribuent à l'environnement de votre petit rituel café. Vos préférences ne sont peut-être pas les miennes, mais pour ma part, je me sens toujours plus puissante et énergisée dans un environnement semblable à celui d'un spa. Et pas simplement parce que j'aime les spas (ce qui est le cas), mais parce que ceux-ci sont arrivés, grâce à des décennies d'essais-erreurs, à perfectionner un environnement spécialement adapté à la détente. Voici quelques éléments à garder en tête pour améliorer le vôtre :

- Une lumière naturelle : comme c'est un rituel matinal, elle sera tout particulièrement propice. La lumière du soleil aide à se réveiller, à trouver sa concentration et à se mettre de bonne humeur.
- La présence de la nature : un emplacement extérieur, un bon bol d'air, une petite brise, des plantes.
- Un point d'eau : rien ne bat le clapotis d'un ruisseau rieur pour vous connecter à votre source intérieure. Une simple fontaine de bureau fait des merveilles

pour l'âme (et ce, toute la journée, pas seulement durant votre petit rituel café). En fait, le biologiste marin Wallace J. Nichols, auteur de *Blue Mind*, a donné pour titre à son livre une expression qui désigne un état de douce méditation dans lequel tombent les gens lorsqu'ils sont à proximité de l'eau, dans l'eau, sur l'eau, ou carrément sous l'eau.

- Des arômes agréables : ceux du café (!), l'odeur du pain fraîchement cuit, celle des fleurs, de l'encens, des huiles essentielles… votre odeur préférée !
- Des sons agréables : celui de l'eau (encore une fois), des carillons, des oiseaux, de la musique (j'y reviens dans un instant).
- Une absence de distraction : éteignez la télévision, mettez votre téléphone en mode avion et prévenez les autres dans la maison de vous laisser tranquille.

5. Parler à voix haute

Certaines personnes choisissent de lire leur scénario pour elles-mêmes, en silence. Parfois, c'est la seule option possible, dans un endroit public bondé par exemple. Cela dit, aussi souvent que vous le pouvez, lisez votre rituel à voix haute !

Quand vous parlez, vous êtes plus concentré et votre cerveau risque moins d'être distrait. Cela active trois modalités : la lecture (les yeux), la parole (la bouche) et l'ouïe (les oreilles). Ce qui veut dire que c'est grosso modo trois fois plus puissant que la lecture silencieuse, si l'on calcule le degré d'activité de votre cerveau.

Souvent, quand vous lisez en silence, votre cerveau se perd en chemin. Il se met à vérifier sa liste de choses à faire, à penser à son sommeil de la nuit dernière, à réfléchir à ce qu'il faut cuisiner pour le prochain repas. En lisant, tout en prononçant et en écoutant votre scénario, vous vous assurez d'un très haut niveau de concentration. En conséquence, il vous sera plus facile de vous souvenir des mots et ils auront plus d'effet. Dire les mots à voix haute augmente la rapidité avec laquelle ils s'inscriront dans votre subconscient, et donc leur efficacité. Cela suscite une réponse émotionnelle plus profonde.

Comme je l'ai déjà dit plusieurs fois, ce n'est pas grave si vous ne croyez pas encore aux mots qui sortent de votre bouche. Vous n'avez qu'à faire *comme si* jusqu'à ce que ce soit le cas, car ce genre de pratique fonctionne. Mohamed Ali était réputé pour ce petit truc. Il a un jour dit : « Pour être un grand champion, il faut croire qu'on est le meilleur. Si vous n'êtes pas le meilleur, faites comme si. »

Même quand vous faites semblant, vous stimulez et vous renforcez votre cerveau, parce qu'il ne connaît pas la différence entre ce qu'il se passe et ce que vous imaginez qu'il se passe. Pensez-y comme à une forme d'entraînement à la réussite. Très vite, vous n'aurez plus besoin de faire comme si.

Êtes-vous sceptique à propos de cette idée que votre cerveau ne connaît pas la différence entre ce que vous dites et ce qui est vrai ? Au fond, bien sûr, il y a une part de soi qui la connaît, la différence… celle qui parle. Mais la partie de vous qui fabrique de nouvelles connexions neuronales, elle, n'en sait rien. Elle ne fait que connecter des neurones.

C'est pourquoi on peut par exemple augmenter sa pression sanguine ou produire du cortisol avec la force de l'esprit. Si vous vous répétez que vous êtes heureux, si vous remplissez votre tête de pensées et d'images de rencontres heureuses, votre cerveau croira que vous l'êtes.

Donc, si vous ne pouvez pas prononcer votre rituel à voix haute pour une raison ou une autre, essayez au moins de remuer les lèvres en silence. Cela aura plus d'effet que si vous ne faites que lire votre scénario en silence. Et gardez impérativement une bonne posture tout du long. Faites-moi confiance, ça fonctionne. Quelque chose se passe quand vous vous disposez à l'écoute et que vous prononcez les mots en y croyant : votre cerveau y prête attention. (Faites-en l'expérience dès maintenant. Vous verrez ce que je veux dire !)

IL FAUT DANSER COMME
SI PERSONNE NE REGARDAIT.

WILLIAM W. PURKEY

6. Mettre de l'énergie dans son petit rituel café

Pour augmenter encore plus la portée de votre rituel, mettez-y toute l'énergie possible. En soulignant les mots, en vous interpellant et en vous encourageant entre les phrases *(Youpi ! Allez !)*, vous amplifiez votre engagement émotionnel.

Plus vous y mettrez d'énergie et de relief, plus facile ce sera pour votre esprit et votre corps d'y croire. Alors, n'ayez pas peur d'en rajouter ! Réveillez votre Meryl Streep ou votre Robert De Niro intérieurs. Mettez-y du cœur, les enfants ! En vous plongeant vraiment dans l'ambiance, vous imprimerez bien plus profondément et plus rapidement les effets de votre rituel dans votre cerveau.

Votre corps réagira à vos mots. Et si vous y ajoutez du piquant, de l'énergie et du relief, les résultats seront encore plus marqués.

Souvent, c'est encore mieux de se lever et de déclamer son scénario en adoptant une posture superhéroïque, à la Wonder Woman. On a démontré que ce genre de posture augmente la confiance en soi et diminue le stress, alors profitez-en. Vous vous sentez ridicule ? Pas de problème… mais faites-le quand même. Faites-en une blague si vous voulez. Faites-en trop ! Voici une posture idéale : les mains sur les hanches, les yeux fixés droit devant, un petit sourire audacieux aux lèvres. (Vous savez, ce sourire entendu qui veut dire qu'on a compris le sens des choses et qu'on a un atout dans sa manche.) *C'est ça, en avant, déchaînez-vous !*

7. En faire un film en ajoutant une bande sonore

Vous pouvez encore augmenter la puissance de votre petit rituel café d'un cran en y ajoutant une musique inspirante. Elle peut jouer en trame de fond tandis que vous lisez à voix haute, ou accompagner un enregistrement de votre scénario.

SANS MUSIQUE, LA VIE SERAIT UNE ERREUR.

FRIEDRICH NIETZSCHE

Ajouter de la musique à votre petit rituel café amplifiera et intensifiera les émotions que vous souhaitez susciter. La musique peut entraîner d'importantes réponses émotionnelles, et c'est un des meilleurs moyens (un des plus faciles aussi) pour réduire le stress, mettre de bonne humeur, instaurer un nouvel état mental. Il semblerait qu'une musique agréable déclenche la production d'un neurotransmetteur, la dopamine, à laquelle on donne le nom de neurotransmetteur « de récompense ». Vous pouvez ainsi vous entraîner à attendre avec impatience ce moment privilégié en lui adjoignant une musique agréable, parce que vous sécréterez de la dopamine chaque fois que vous l'entendrez. Votre cerveau associera le petit rituel café à cette récompense.

J'ai mentionné l'importance de la charge émotionnelle de votre petit rituel, et un des moyens les plus simples de l'augmenter est d'écouter de la musique. Ce n'est pas pour rien que les films sont accompagnés de trames sonores musicales. Elles guident les émotions des spectateurs. Imaginez ce que serait l'un de vos drames favoris ou l'un de vos films d'action estivaux préférés sans musique… L'expérience serait bien moins porteuse et mémorable. En ajoutant de la musique inspirante, non seulement vous ferez passer votre rituel au niveau supérieur, mais vous l'apprécierez aussi bien davantage !

La musique que vous écoutez affecte votre cerveau. Les scientifiques ne savent pas très bien pourquoi, mais il semblerait qu'une partie de la réponse tienne à la capacité qu'a une musique puissante à susciter la participation de plusieurs zones du cerveau, en déclenchant des connexions et en créant des associations. Si vous passez systématiquement le même morceau en lisant (ou en chantant !) votre petit rituel café, vous allez associer sa mélodie aux mots. Et ensuite, chaque fois que vous l'entendrez, votre tête sera traversée de mots puissants. (Plus précisément, vous téléchargerez dans votre cerveau l'état d'esprit désormais associé aux mots de votre petit rituel.)

Revisitez vos pièces musicales préférées et choisissez celle qui vous remet sur les rails, celle qui parle à votre âme, celle qui vous affecte émotionnellement en vous transmettant son énergie et sa puissance. Mettez-la ensuite en boucle et écoutez-la tandis que vous lisez votre scénario. Ce sera la « chanson thème » de votre petit rituel café. Vous pourriez aussi concocter une liste de plusieurs morceaux et vous offrir toute une trame pour votre rituel. J'aime bien la variété que permet cette option, mais je trouve pour ma part que remettre une seule pièce musicale en boucle, encore et encore, a plus d'effet parce que cela l'ancre profondément en nous. Dans quelques mois, dans un an, ou quand je commencerai un nouveau chapitre de ma vie, j'aurai peut-être envie de passer à un autre morceau.

Conseil d'experte : choisissez un morceau sans paroles, pour que les mots ne se confondent pas avec ceux de votre rituel et n'affectent pas votre concentration. Pour moi, certaines trames sonores de film font merveille, tellement elles sont épiques, intenses, cinématographiques.

Un autre effet intéressant de l'association mots et musique de votre petit rituel café, c'est le changement de votre perception du temps causé par le stimulus émotionnel. Avez-vous déjà remarqué que vous perdez le fil du temps quand vous écoutez quelque chose qui vous plaît ? Le temps se fige, comme si vous étiez téléporté dans une autre réalité, et vous n'en revenez que lorsque la musique s'arrête. Avez-vous déjà été transporté comme ça dans une sorte de transe hypnotique, hors du temps, par la musique ?

Depuis des décennies, les neuroscientifiques et les artistes tentent de plonger leur cerveau dans un rythme alpha (c'est-à-dire une activité électrique située entre huit et douze hertz) afin de se détendre, et de stimuler leur capacité de visualisation, de création et d'apprentissage. Tout comme les gens qui méditent, depuis des milliers d'années ! Mon intuition et mon expérience me disent qu'une chose extraordinaire se produit quand mon petit rituel me fait entrer dans ce genre d'état second. C'est aussi très agréable et cela augmente les chances que vous ayez envie de vous y adonner chaque jour.

Récemment, j'ai intégré à mon rituel la pièce *Liquid Flow* de Dreaming Cooper (disponible sur YouTube) : j'en ai fait ma chanson thème. Elle propose un univers électronique et futuriste sans mélodie définie, c'est-à-dire que cette musique instille une ambiance intense et singulière, mais qu'elle n'essaie pas de raconter une histoire. C'est exactement ce que je cherche. À présent, chaque fois que j'entends cette musique, je suis programmée pour penser et pour ressentir en un claquement de doigts tout ce que j'ai imprimé dans mon cerveau à force de répéter mon petit rituel café. C'est génial !

Combien de fois est-ce que j'écoute cette pièce chaque jour ?

Cinq, très exactement.

Pourquoi cinq ? Cela me mène directement à mon truc suivant… la minute de la millionnaire.

8. La minute de la millionnaire

J'ai imaginé une puissante technique que j'appelle la minute de la millionnaire. C'est une alarme programmée sur mon téléphone pour lancer différentes pièces de musique à divers moments de la journée, afin de m'aider à me plonger dans l'état d'esprit de la millionnaire heureuse et sexy, c'est-à-dire à me remplir de pensées et de sentiments associés à la venue d'une nouvelle moi-même, la millionnaire heureuse et sexy.

C'est un état d'esprit exceptionnel, et j'essaie de le maintenir plus ou moins toute la journée, mais évidemment, certains moments sont plus forts que d'autres. Parfois, les aspects les plus futiles du train-train quotidien, comme faire la lessive, payer les factures ou aller à l'épicerie, me font oublier momentanément que je suis engagée dans une glorieuse quête étincelante.

Et puis tout à coup, mon alarme se déclenche, annonçant la minute de la millionnaire.

Et... pouf!

Dès que j'entends les quelques notes d'introduction de la musique, je me trouve transportée illico dans l'espace mental où la magie opère.

J'arrête immédiatement ce que j'étais en train de faire (sauf si c'est impossible ou inapproprié), je ferme les yeux, je me lève ou je m'assieds bien droite, je prends une grande inspiration, et je laisse simplement cette impression me traverser. C'est incroyable et ça ne rate jamais: je me retrouve concentrée sur ce qui compte en un instant, même si j'avais été distraite par des choses sans importance. Je reste figée dans cet état proche de la transe pendant dix à soixante secondes. Puis, j'éteins l'alarme et je reprends le cours de ma journée, mais avec une perspective renouvelée sur les choses et un plus grand investissement émotionnel.

Et cela arrive *cinq fois par jour*!

J'ai programmé l'alarme pour qu'elle s'active chaque jour à dix heures du matin, à midi, à quatorze heures, à seize heures et à dix-huit heures. Chaque fois, c'est *Liquid Flow* de Dreaming Cooper qui se met à me bercer.

Mais qu'est-ce que ça provoque? Eh bien, comme je l'ai mentionné plus tôt, à force de l'écouter chaque fois que je me livre à mon petit rituel café, j'ai réussi à relier cette pièce en particulier à un profond sentiment de bien-être. Quand l'alarme se déclenche, je me souviens de la force des mots que j'ai choisis et qui me donnent l'impression d'être riche à millions. Jour après jour, cela me rappelle que je dois incarner ce rêve. Et pas simplement avec des pensées positives, mais en agissant, en investissant effort et amour dans mon travail. Ce petit rappel entraîne mon cerveau à se sentir bien, vivifié. Cela me reconnecte à la vie que je me souhaite à travers mon petit rituel café.

Ma famille connaît bien la minute de la millionnaire. Mieux encore : à présent, quand l'alarme se déclenche, toute ma famille fait comme moi et se laisse imprégner par cette musique qui nous plonge dans un tel bien-être, comme baignés dans une lumière dorée. Mon mari n'est pas toujours dans la même pièce que mon téléphone et moi, il ne l'entend donc que deux ou trois fois par jour. Et même s'il n'a pas lui-même associé ce morceau à un rituel, il dit que la musique lui fait l'effet d'une réinitialisation, et qu'ensuite il se trouve dans un état mental plus concentré et efficace. Cela lui rappelle qu'il faut vivre chaque jour dans une énergie tout à fait épique.

9. Enregistrer son petit rituel café

L'étape suivante pour les stars en devenir est d'enregistrer son rituel. Mais attention… avec la pièce que vous avez choisie comme trame sonore ! C'est encore plus amusant et fascinant que vous ne le croyez. Après avoir enregistré votre discussion avec vous-même, vous pourrez l'écouter à n'importe quel moment : quand vous allez à pied à l'épicerie par exemple, quand vous conduisez, quand vous vous préparez le matin pour votre journée, quand vous vous entraînez en salle de sport, quand vous faites la vaisselle, quand vous cuisinez le repas, et même au lit, avant de dormir.

Pour tout dire, une de mes façons préférées de m'adonner à mon petit rituel café est de marcher de la cuisine au salon, tasse de café en main, casque aux oreilles, écoutant ma voix enregistrée qui me parle. C'est la fusion de trois habitudes :

café + se parler à soi-même + marcher

Le genre de pratique qui a un potentiel immense pour rendre votre petit rituel encore plus efficace.

Pour commencer, le mouvement répétitif qui a lieu quand vous marchez déclenche une belle réaction relaxante dans votre corps. Lorsque ça arrive, votre stress commence instantanément à se dissiper. Et vous disposez du même coup d'une augmentation d'énergie et d'une meilleure humeur.

Souvenez-vous, un vrai investissement émotionnel est l'ingrédient clef pour que les rêves que vous formulez dans votre petit rituel se réalisent plus rapidement. Le mouvement bilatéral de la marche profite à votre cerveau de toutes sortes de façons. Et en plus, vous aurez fait quelques pas supplémentaires dans votre journée ! Et si vous visez encore plus d'intensité, vous pouvez faire ce que je fais parfois : boire du café, écouter mon rituel en le répétant à voix haute, et… faire des étirements des jambes !

Ce n'est pas toujours possible de s'asseoir pour lire son petit rituel café chaque jour, je le sais bien. En l'enregistrant, vous pouvez l'écouter et profiter de ses vertus extraordinaires même les jours où vous êtes pressé et que vous prenez votre café sur le pouce. Et si vous voulez vous investir à fond, cela vous permettra d'écouter plusieurs fois par jour le scénario que vous avez conçu. D'abord, asseyez-vous le matin pour l'effectuer comme d'habitude : une lecture accompagnée d'une tasse de café. Puis, faites-le rejouer pour vous accompagner tandis que vous préparez le repas ou lavez la vaisselle.

Entendre votre propre voix enregistrée vous semblera bizarre au début. C'est normal et toujours temporaire. Un peu comme quand on se regarde dans le miroir pour la première fois après une nouvelle coupe de cheveux... bientôt, on ne remarque plus ce qui paraissait étrange à première vue. Il en va de même avec votre voix. Ça vaut la peine de traverser la période d'ajustement, parce que le fait d'entendre votre propre rituel est super puissant !

Quand vous entendrez votre voix, et surtout lorsque vous serez habitué à le faire sans la juger, vous aurez l'impression d'avoir accès à votre dialogue intérieur. Comme si vous vous disiez à vous-même comment va le monde. Et si on y songe un instant, c'est exactement ce qui arrive quand on pense ! Lorsqu'on réfléchit, la plupart du temps en silence, un dialogue se développe, une conversation constante avec soi-même : « Qu'est-ce que je devrais porter aujourd'hui ? Hum, j'aime cette chemise, mais je l'ai mise il y a deux jours... », etc.

Plusieurs systèmes composent notre esprit et chacun d'entre eux a sa propre « personnalité ». Il y a par exemple le cerveau rationnel et le cerveau émotionnel. Ou la part de vous-même qui veut perdre cinq kilos *versus* la part de vous-même qui pense qu'un petit biscuit de plus ne fera pas de mal. J'aime imaginer que mon petit rituel enregistré, c'est la part la plus fiable de moi-même, celle de mon cerveau qui sait ce qui est bon pour moi à long terme. Et je lui fais confiance. J'accorde une certaine autorité à cette voix. Elle a une sorte de pouvoir, et j'en suis la source !

Le petit rituel est tout particulièrement utile quand on traverse des moments difficiles. En fait, pendant la pandémie de coronavirus de 2020, j'étais en train de corriger ce livre et j'ai pu compter sur mon petit rituel café pour me maintenir à flot, en bonne santé, et investie, malgré la peur qui régnait et les infos déprimantes. Si je me sentais dépassée à un moment précis, ma réaction préférée était de mettre mes écouteurs sans fil et de laisser mon petit rituel enregistré défiler tandis que je faisais le ménage, mon travail, la cuisine, ou que j'allais et venais dans la maison.

Voici comment je m'y prends pour enregistrer mon petit rituel.

Il n'y a rien de bien compliqué là-dedans… pas besoin d'équipement audio professionnel ni de trucs dans le genre. Je serai la seule à l'entendre, je n'ai pas besoin que ce soit parfait.

Comme je l'ai dit, j'utilise l'application Notes de mon iPhone pour consigner le texte de mon scénario. C'est très pratique, comme mon téléphone est toujours sur moi, de sorte que je peux ajouter des éléments à mon scénario et le corriger dès qu'une idée me vient en tête ou que l'inspiration me tombe dessus. J'ai aussi un iPad synchronisé à la même application, alors je peux y afficher le scénario de mon petit rituel et le lire à l'écran. Pendant toute la durée de la lecture, je fais jouer *Liquid Flow*. N'importe quelle application d'enregistrement fait l'affaire, mais j'utilise pour ma part l'application Voice Memos de mon téléphone, parce qu'elle est automatiquement installée sur les iPhone.

C'est comme ça que j'enregistre mon petit rituel café sur mon téléphone : je lis tout haut à partir de mon iPad, tandis que la musique passe en trame sonore, elle aussi sur l'iPad. Sur la piste, ma voix et la musique se mélangent parfaitement. Cette technique ne me vaudra pas un oscar pour la qualité sonore, mais c'est bien suffisant pour reprogrammer mon cerveau et inviter la magie dans ma vie !

Si vous n'avez pas de tablette, vous pouvez aussi lire depuis votre ordinateur, ou carrément imprimer le texte sur papier. La musique n'est pas nécessaire, mais sa présence rend l'enregistrement plus efficace. Et plus amusant !

Sinon, vous pourriez aussi écrire votre scénario sur papier, et le lire pendant que vous enregistrez.

La plupart des jours, j'écoute une fois mon rituel enregistré. D'autres jours, lorsque mon niveau d'énergie est plus élevé, je laisse l'enregistrement tourner en boucle presque toute la journée dans mes écouteurs tandis que je vaque à mes occupations. C'est formidable !

10. Rappel à l'agenda

C'est facile de se laisser happer par la quantité de choses à faire dans une journée. Et c'est tentant de faire preuve de paresse et de négligence quand on est occupé et distrait. Un truc pour renverser cette tendance, c'est de prendre une phrase de votre scénario et de la copier-coller directement dans l'agenda de votre téléphone. Programmez-la pour qu'elle apparaisse tous les jours. Ainsi, une fois par jour, même si vous êtes très sollicité, vous tomberez soudainement sur une phrase adressée à vous-même dans votre agenda. Ce sera un moyen de vous souvenir à quel point vous êtes extraordinaire. Un truc diablement efficace et pourtant si simple !

Nous avons tous tendance à nous laisser distraire et à négliger nos objectifs et nos aspirations. Parfois, nous nous souvenons de nos objectifs, mais nous n'arrivons pas à travailler constamment à les atteindre. D'autres fois, nos émotions prennent le dessus, alors que nous devrions les maîtriser. Nous oublions notre bien-être. Pourtant, il est possible de se sentir bien en tout temps, ou au moins 95 % du temps. Les petits rappels glissés dans votre agenda remplissent ce rôle à la perfection.

Certains jours, j'inscris cette phrase-ci en tant que petit rappel quotidien :

Je suis une mère douce et attentionnée.

Vous croyez peut-être qu'une mère est au-dessus de cela, mais je me suis rendu compte que ça m'aide vraiment. Quand je vois cette phrase, elle me rappelle d'accorder une attention pleine et entière aux demandes de ma fille, ou de lui faire plus de câlins.

Un autre jour, je mets plutôt :

Je suis une femme puissante et charismatique.

Je vous le dis… rien qu'à voir ça, je sens une décharge d'énergie me traverser. Mon comportement change en un instant.

Le truc avec ce genre de petits rappels, c'est de choisir des phrases courtes et percutantes. L'objectif est que la phrase entière apparaisse dans votre agenda, même s'il n'affiche qu'un nombre limité de caractères. Quand vous en aurez trouvé une qui vous fait particulièrement vibrer, gardez-la pendant un bon moment. Il m'arrive d'inscrire la même pendant deux semaines, afin qu'elle fasse son chemin dans mon subconscient et que je n'aie plus jamais besoin qu'on me la rappelle. Ensuite, je passe à une autre.

Il m'arrive aussi d'inscrire un extrait par jour et d'activer la répétition hebdomadaire, afin de bénéficier d'une phrase différente chaque jour pendant une semaine. Ce petit truc est vraiment d'une efficacité redoutable.

11. Les petites notes autocollantes

Eh oui : les fameux Post-it ! J'en ai parlé dans le premier chapitre, c'est un peu la version analogique du rappel à l'agenda électronique. Transcrire certaines des phrases qu'on préfère dans son rituel sur des petits Post-it et les coller là où on les voit bien aide à garder le cap indiqué par les affirmations positives. Un jour, j'ai lu qu'une personne avait imprimé une phrase positive, l'avait plastifiée et suspendue dans la douche. Quelle idée merveilleuse !

Gardez toutefois en tête qu'il faut déplacer les notes autocollantes tous les quatre ou cinq jours. Sinon, vous vous mettrez à ne plus les remarquer. Pour éviter cela, déplacez-les dans la maison ou au bureau, et changez les phrases que vous y écrivez toutes les une à deux semaines.

CHAPITRE 9

TROUVER LE TEMPS DE FAIRE SON PETIT RITUEL CAFÉ

Tout le monde a le temps de s'adonner au petit rituel café : ça ne prend que le temps de boire son café ! Chacun d'entre nous mange ou boit quelque chose le matin, ne serait-ce qu'un verre d'eau. Si d'aventure vous êtes du genre à prendre votre café sur le pouce, eh bien, c'est le moment de changer vos habitudes, *parce que vous en valez la peine.*

La question est très simple : voulez-vous vous sentir extraordinairement bien ? Voulez-vous augmenter votre bonheur et votre bien-être ? Améliorer votre santé et attirer à vous l'amour et l'amitié ? Voir passer davantage d'occasions à saisir ? Avoir plus de succès au travail ? Être un meilleur parent ? Si vous avez répondu oui à l'une ou l'autre de ces questions, sachez qu'il ne vous faut que cinq minutes pour vous y mettre.

Certaines personnes diront qu'elles n'ont quand même pas le temps, bien sûr, mais c'est super simple. Je sais quoi leur répondre, je connais le truc pour fabriquer du temps. Êtes-vous prêt ?

Levez-vous dix minutes plus tôt.

C'est de la magie, je sais bien.

Vous entendez une pointe de sarcasme, mais c'est l'amour qui me guide. J'aimerais que tous arrivent à se parler de la façon la plus idéale possible parce que, sans exagérer, le monde serait bien meilleur si c'était le cas. Toute personne qui améliore son dialogue intérieur devient le papillon annonçant l'ouragan d'amour, de paix et de compassion prêt à s'abattre sur le monde entier. Associer son café du matin à l'habitude de se parler en bien, c'est augmenter ses chances de persévérer, et je rêve que tout le monde s'y mette. Que tout le monde s'aime et vive une vie pleine de sens et de confiance en soi.

Oui, cela implique peut-être de se lever un peu plus tôt si nécessaire. Et donc d'aller au lit dix minutes plus tôt, parce que je refuse que quiconque manque de sommeil. Une nuit de sommeil, c'est super important pour la santé. Le sommeil affecte l'humeur et augmente le bonheur et l'appétit pour la vie. Alors, je le dis au passage, quand vient le temps d'organiser votre horaire pour y inclure un petit rituel café, rendez-vous service et investissez dans la vie… en planifiant aussi une bonne nuit de sommeil.

Je le répète, nous avons tous le temps. C'est assez fascinant de constater à quel point il est difficile pour certains de se coucher même juste quelques minutes plus tôt. Je comprends très bien. Plongée dans ma lecture, au lit, je me suis souvent retrouvée à vouloir terminer mon chapitre. Encore cinq minutes... Ou bien, engagée dans plusieurs parties de Words With Friends sur mon téléphone, je décidais qu'il fallait absolument jouer tous mes tours avant de fermer l'application... quelques minutes de plus ne peuvent pas faire de tort, si ? Ou encore, regardant ma série préférée sur Netflix, et constatant que l'épisode n'était pas terminé... hum, je n'allais quand même pas m'arrêter en plein milieu de la scène de poursuite !

Voilà le truc : pour éviter ce genre de problème, dressez le bilan de ce que vous faites chaque soir, dans l'heure qui précède votre coucher, et apportez les changements nécessaires. Ajustez votre horaire pour éviter d'avoir à interrompre vos activités pour aller au lit. Quand j'ai enfin pris le temps d'étudier ma routine du soir, j'ai découvert que je faisais toutes sortes de choses qui devenaient des excuses pour dormir moins. C'est là que vous pouvez trouver matière à amélioration.

Jetez un œil à votre agenda et servez-vous-en pour organiser votre routine présommeil. Pour ma part, comme je l'ai déjà dit, j'utilise l'application de mon iPhone. J'inscris l'heure à laquelle j'aimerais me coucher le soir, vingt et une heures la plupart du temps. En allant au lit à cette heure-là, j'ai vraiment le temps de dormir et de me réveiller en forme huit ou neuf heures plus tard. J'active donc l'alarme de mon téléphone à vingt heures trente-cinq, en prenant soin de sélectionner une chanson adaptée pour le dodo, tirée de l'album *Sonicaid : Sleep Therapy*. Dès qu'elle se déclenche, j'arrête ce que je fais, à très peu d'exceptions près, je me brosse les dents, je me lave le visage et je me couche. Cela me laisse quelques minutes pour relire mes affirmations positives du jour avant de m'abandonner au sommeil.

Si tout cela semble plutôt simpliste, c'est que ce l'est ! Rien de sorcier là-dedans. Mais combien de gens prennent vraiment le temps d'activer une alarme pour se mettre au lit ? C'est TELLEMENT facile. Et quand je sais que la journée se termine à vingt heures trente-cinq, je n'ose pas lancer un épisode à vingt heures. Je me suis aussi tout à fait habituée à interrompre ma lecture au beau milieu d'un chapitre. Et j'arrive sans problème à remettre la suite de ma partie de Words With Friends au lendemain soir.

POUR CHANGER,
IL FAUT METTRE EN PLACE
DES HABITUDES QUOTIDIENNES
POSITIVES AFIN DE NE PAS DÉROGER
À SES OBJECTIFS.

DOCTEUR JOE DISPENZA

Quand je voyage ou que j'ai un horaire un peu irrégulier, je m'ajuste en ouvrant mon agenda et en vérifiant les heures auxquelles je dois me lever, puis je fais un calcul inverse afin de m'assurer d'avoir les huit heures de sommeil qui me sont nécessaires *et* le temps d'effectuer mon petit rituel café le matin.

En réalité, vous n'avez jamais PAS le temps de bien vous parler. En tout cas, pas si vous voulez vraiment profiter de la vie épique qui vous attend… Et d'ailleurs, sachant qu'une personne passe en moyenne plus de deux heures par jour sur les réseaux sociaux, je pense que la plupart des gens ont bien dix minutes à consacrer au projet d'une vie meilleure.

Il s'agit simplement de trancher : est-ce que c'est une priorité ? Pour moi, cela ne fait aucun doute. J'ai fait l'expérience de la vie avant et après le petit rituel café. Le choix est évident !

CHAPITRE 10

DEUX TECHNIQUES POUR VOIR LES CHOSES AUTREMENT

Mon petit rituel café a fait toute la différence dans divers aspects de ma vie grâce aussi à l'apport de deux changements de perspective majeurs. Deux techniques pour voir le monde autrement ! Plus précisément, cette pratique m'a aidée à accomplir avec plus de facilité les choses que je n'aimais pas faire auparavant. Dans ce chapitre, je vais vous montrer comment utiliser ce rituel pour vous permettre de réinitialiser votre point de vue sur le monde.

Technique n° 1 : réinitialiser son esprit grâce au petit rituel café

Trouver une façon d'aimer faire ce que vous n'aimez pas faire

Un usage malin du petit rituel café peut vous aider à réinitialiser votre esprit afin de vous donner un nouveau point de vue sur ces tâches que vous êtes *obligé* de faire, mais qui ne vous inspirent pas du tout. Parmi tous les pouvoirs possibles du rituel, c'est un de mes préférés… Un beau jour, après avoir découvert à quel point les mots qu'on utilise pour se parler influencent ce qu'on ressent, j'ai fait l'expérience d'utiliser des termes différents pour essayer de m'insuffler un peu d'enthousiasme face à une tâche qui ne me disait rien.

Pourtant, avant que les mots sortent de ma bouche, j'étais très sceptique. Je ne pensais pas que cela fonctionnerait. Alors comme ça, il suffirait de changer un mot ou deux pour me donner soudainement envie de faire quelque chose que je ne voulais vraiment pas entreprendre ? Un peu de sérieux ! J'ai fait une moue de dédain devant cette idée… mais ensuite je me suis dit : « Pourquoi pas ? »

La première fois que j'ai essayé cette méthode, c'était pour payer les factures. Je n'aimais pas trop cette tâche. Mais cette fois-là, je m'y suis prise différemment. J'ai tout simplement dit : « J'aime payer les factures. Je suis contente de payer les factures. »

Et voilà.

Je vous jure que j'ai senti un changement immédiat dans mon corps et mon état d'esprit. Je ne me sentais plus anxieuse. Avec ce simple changement de mots, cette réinitialisation de rien du tout, à ce moment précis, j'étais littéralement heureuse de payer mes factures. Cela semblait trop beau pour être vrai, mais, il faut me croire sur parole, j'en ai bien profité !

En me disant : « J'aime payer les factures », j'ai forcé mon esprit à écouter et à me plonger dans cet état. C'était de la magie pure. Après cela, je me suis mise à utiliser ce truc à tout bout de champ. Je me souviens d'avoir ri à l'idée que ce soit si simple et d'avoir pensé : « Ouais, mais est-ce que ce truc va fonctionner pour d'autres personnes, ou bien est-ce que c'est juste moi qui suis vraiment bizarre ? »

Quelques semaines plus tard, j'ai lu dans le livre de Gretchen Rubin, *Opération bonheur*, qu'elle faisait *exactement la même chose.* J'en suis presque tombée de ma chaise. Enchantée, chère collègue !

Après cette première petite expérience réussie, j'ai commencé à appliquer cette technique pour tout, et je suis sérieuse quand je dis *tout.* Dès qu'il y avait quelque chose qui ne me motivait pas tellement, je me disais qu'au contraire, j'étais vraiment très enthousiaste à l'idée de m'y mettre. Et cette petite ruse mentale avait au minimum l'effet de ne pas rendre la chose désagréable. Mais la plupart du temps, je me mettais carrément à attendre l'heure de le faire avec impatience.

Par exemple, quand c'est l'heure d'aller faire une course alors que je préférerais faire autre chose, je réinitialise mes pensées. Je me dis plutôt : « J'adore aller dans ce commerce. » Et voilà que je me mets en route dans un meilleur état d'esprit, le pas léger, au lieu de traîner les pieds.

J'emploie aussi cette méthode quand vient le temps de nettoyer, et tout particulièrement le four, une activité que je n'ai jamais aimée. Je me suis mise à me dire : « J'adore ça. » Je ne cherche même pas à expliquer pourquoi, parce que je crois tout ce que je me dis. Comme on peut donner des ordres au cerveau et que je lui dis que j'aime cela, mon cerveau répond : « Oui, pourquoi pas ? »

Ce petit truc fonctionne aussi très bien pour l'exercice. Il y a tant de gens qui n'aiment pas s'entraîner, et plusieurs, ma mère par exemple, en parlent constamment avec un vocabulaire *coloré* (et je ne veux pas dire rose). Mais quand on commence à dire : « J'adore l'exercice ! » chaque fois qu'on doit s'y mettre, on se rend compte que cela nous fait vraiment plaisir. La surprise est totale : *ça fonctionne vraiment !*

D'ailleurs, le truc est tout aussi valide pour modifier ce qu'on pense des personnes de notre entourage. Il y en a une avec qui je ne m'entendais pas à merveille. J'ai commencé à me dire que je l'aimais bien, et, je vous le jure, j'ai développé des atomes crochus et me suis mise à ressentir plus d'affection envers elle. En fait, c'est à peine croyable : je me suis surprise à être impatiente de passer du temps en sa compagnie. Et quand cela arrivait, c'était tellement plus agréable qu'avant. J'imagine qu'elle a senti que quelque chose avait changé, car l'énergie qu'elle dégageait en ma présence s'est aussi transformée. C'est comme si mes mots s'étaient révélés être une prophétie autoréalisatrice.

Ce qui est très exactement le but quand on se met à bien se parler !

J'ai aussi essayé d'utiliser cette nouvelle façon de voir les choses au travail. Alors que je composais un texte pour mon blogue portant sur mon futur de millionnaire heureuse et sexy, j'ai envisagé de faire des vidéos YouTube. Malheureusement, je n'aimais pas tellement cet exercice. Il m'a toujours semblé que c'était stressant : parler devant la caméra, me souvenir de ce que je devais dire, trouver quoi me mettre sur le dos, me coiffer, ne pas rater mon coup…

Alors un jour, j'ai fait une petite expérience dans l'application de mon nouveau pouvoir de réinitialisation et je me suis dit : « J'aime faire des vidéos YouTube. » Eh bien, sans blague, cela a fonctionné *encore une fois*. Gagné : échec et mat. J'adore faire des vidéos à présent. Vraiment. Je ne fais pas semblant. Je ne me raconte pas d'histoires. J'attends avec impatience de passer devant la caméra. Je suis plus détendue et bien plus douée. C'est comme si j'avais appuyé sur un interrupteur dans mon cerveau.

Je n'en reviens toujours pas de la simplicité de cette méthode. Je suis peut-être une personne particulièrement influençable, mais je vous mets au défi de dire à répétition que vous aimez ce que vous croyez ne pas aimer, et de voir si votre attitude ne va pas changer, même un tout petit peu. Ce serait déjà ça de pris. Cette méthode peut être utilisée pour des choses que vous n'appréciez pas beaucoup, comme faire le ménage ou plier le linge, mais aussi pour des choses que vous n'aimez *vraaaaaiment* pas, comme parler en public, remplir votre déclaration de revenus ou rendre visite à vos beaux-parents.

Expérience amusante : essayez de vous encourager à aimer une chose que vous n'aimez pas d'un point de vue sensoriel, comme un aliment, un style de musique ou un genre de film. Imaginez le monde des possibles !

Cette tactique épatante peut être vraiment efficace dans la vie professionnelle. Disons que vous travaillez dans les ventes, mais que vous n'aimez pas faire des appels promotionnels. En pensant plutôt : « Je raffole des appels promotionnels », vous adapterez votre attitude et vous vous donnerez tout un avantage en nourrissant votre confiance en vous-même. Un tel changement appliqué aux tâches les plus récurrentes peut avoir de profondes répercussions. Plus vous parviendrez à faire basculer votre esprit en territoire positif, plus vous serez en bonne santé et de bonne humeur, et plus magique sera votre vie.

Depuis un bon moment maintenant, je me suis mise à faire de même chaque fois qu'une situation qui normalement me déplaît se présente, comme prendre un vol transatlantique ou passer le poste de sécurité à l'aéroport. J'applique cette technique à absolument tout… laver le plancher, suspendre le linge, aller renouveler mon permis de conduire. Ça fonctionne du feu de Dieu. Je travaille en ce moment à apprendre à aimer le goût du foie, qui a de bonnes valeurs nutritives, sauf que… beurk ! Les progrès ne sont pas rapides, mais grâce à ma nouvelle adaptabilité, j'arrive à tolérer ce goût.

Essayez pour voir. Pensez à une chose que vous devez faire cette semaine et que vous préféreriez éviter. Dites à voix haute : « J'aime faire… » Voyez si ça ne change pas instantanément votre rapport à cette tâche. Si ce n'est pas le cas, ou que l'effet est trop limité, répétez-le cinq ou dix fois. Puis appréciez l'amélioration immédiate de vos sentiments envers ce projet ou cette chose à faire sur votre liste.

Même si ce genre de technique n'implique pas de café, elle demande bel et bien de se parler à soi-même. Et donc, vous pouvez l'intégrer à votre petit rituel. En ajoutant les phrases correspondantes à votre scénario, vous répéterez la pensée positive chaque jour et vous vous assurerez que le changement s'implante plus rapidement.

Prenons l'exemple des factures à payer. Si, chaque mois, vous ressentez de l'anxiété quand vient le moment de vous y mettre, ajoutez une ligne ou deux à votre scénario à ce sujet, comme : « J'aime payer les factures. » Le répéter chaque jour pendant quelques semaines diminuera vraiment le poids de cette tâche. C'est comme si vous reprogrammiez votre cerveau pour qu'il ait un tout nouveau point de vue sur la question.

La plupart des tâches peuvent être appréhendées sous plusieurs angles. Certaines personnes aiment payer leurs factures. D'autres n'ont pas d'avis sur la question, mais il y en a vraiment qui sont ravies de traiter chaque facture, puis de les retirer de leur liste. C'est un fait : il est *possible* d'aimer cette tâche. Ce qui est plus difficile à saisir pour la plupart des gens, c'est qu'aimer ou ne pas aimer une chose, au fond, c'est un choix. J'ai *choisi* d'aimer payer mes factures. Nous avons tous le pouvoir de choisir nos préférences.

Vous voyez, ce n'est pas l'activité en tant que telle que nous n'aimons pas, mais la façon dont nous la percevons. Notre perception fait toute la différence. La signification qu'elle revêt pour nous. En vous adressant simplement quelques bonnes paroles, vous pouvez changer du tout au tout ce qu'une chose signifie pour vous, que ce soit une activité, une personne, votre perception du monde… Et surtout, votre perception de vous-même. Voilà un excellent moyen de reprendre le contrôle !

Technique nº 2 : la révolution *avoir la chance de…*

Une autre façon d'aborder les tâches obligatoires et pénibles, ou celles qu'il serait préférable de faire même si elles sont désagréables, est d'apporter une modification précise au vocabulaire employé pour vous en parler. Il suffit de remplacer *il faut que* par *j'ai la chance de*, puis de profiter bien tranquillement de la transformation magique. Voici mon exemple préféré :

Au lieu de dire : « *Il faut que* je m'entraîne », dites : « *J'ai la chance de* m'entraîner. »

Et boum ! Waouh ! Vous voyez la différence ?

J'ai transformé l'activité obligatoire ou utile en *privilège*. Du genre : quelle chance, j'ai l'occasion de m'entraîner ! Youpi ! Comme vous vous êtes accordé un privilège, un sentiment de reconnaissance vous saisit et vous rend tellement plus heureux de vous y adonner.

Opérer un léger changement de formulation transforme le sens. Sans que vous ayez à le dire explicitement, cela implique que tout le monde n'a pas la chance de faire de l'exercice. Si l'on doit cumuler trois emplois, ou si l'on vit avec un handicap physique, c'est plus compliqué… Par ailleurs, je n'ai pas toujours « la chance » de m'entraîner moi-même, puisque parfois je suis malade. Le simple fait que rien ne m'empêche d'investir ainsi dans ma santé est une raison d'être heureuse. C'est *vraiment* un privilège.

Pour ceux d'entre vous qui n'aiment pas la méditation, essayez de vous dire : « J'ai la chance de méditer aujourd'hui. » Comme ça, on se sent un peu comme un enfant… Youpi !

Vous sentez toute la force de vos mots ? Je mets cette ruse à profit tous les jours. Grâce à cette technique, les sentiments que vous inspirent vos activités changeront avec le temps. Vous verrez sous un meilleur jour celles que vous n'aimiez pas auparavant. Une fois que vous vous serez reprogrammé pour mieux les apprécier, avant longtemps, vous serez carrément impatient de vous y mettre.

N'hésitez pas à intégrer ces petites phrases formulées avec *avoir la chance de* à votre petit rituel café. C'est particulièrement utile pour implanter de nouvelles bonnes habitudes dans votre vie. Si par exemple vous avez le projet de vous entraîner, eh bien, ajoutez à votre scénario une phrase comme :

J'ai la chance de faire de l'exercice aujourd'hui ! Youpi ! Quel privilège !

Vous pourriez même aller plus loin. En étant plus précise, votre phrase suscitera encore plus de reconnaissance en vous.

J'ai la chance de faire de l'exercice aujourd'hui ! Youpi ! C'est un cadeau du ciel d'avoir le temps et l'énergie de s'entraîner. J'ai de la chance d'avoir des jambes pour marcher sur le tapis roulant et des bras pour soulever des poids. J'aime accorder la priorité à ma santé et à mon corps. Mon entraînement sera génial aujourd'hui et je suis vraiment content d'avoir la chance de m'y adonner.

CHAPITRE 11

UN BONUS DE LÉGÈRETÉ : SE DÉBARRASSER DU NÉGATIF

Le petit rituel café ne prend que cinq à dix minutes par jour. Toutefois, pour préserver le meilleur état d'esprit possible toute la journée, j'ai développé d'autres bonnes habitudes qui viennent soutenir ma démarche. Voici en bonus quelques trucs pour vous débarrasser de toute négativité et gagner en légèreté.

Parlons des infos

Je regarde rarement les infos. En fait, je ne les regarde presque jamais. Et pourtant, je n'ai pas l'impression d'être une ignorante ni de passer à côté de l'essentiel ! De nos jours, les infos sont redondantes et pour la majeure partie assez peu pertinentes, anecdotiques, voire carrément spéculatives ou partiales (conseil d'experte : n'accordez aucune attention à un gros titre qui se termine par un point d'interrogation). Il y a même des actualités carrément fausses (coucou Facebook !), et ce qui est vrai est présenté pour inciter les gens à cliquer, à grand renfort de sensationnalisme et de recours à la peur. Très honnêtement, il y a quelque chose qui cloche.

Malgré tout, s'il y a une info importante, je serai mise au courant. Les événements incontournables traversent le filtre. Les actualités de niche, au sujet de mes champs d'intérêt particuliers, trouvent leur chemin jusqu'à moi grâce à des relayeurs fiables (des amis, par exemple). Et lorsque l'importance d'un événement nécessite que je creuse un peu, je plonge et j'en apprends davantage. Je ne vis pas dans une grotte, quand même !

En tout cas, je vous le dis, une fois que j'ai décidé de me passer des infos, ma concentration, ma motivation, ma créativité, ma sérénité et mon bien-être ont crû de façon exponentielle. J'étais libérée d'une somme INIMAGINABLE de distractions ! Avez-vous déjà entendu l'expression « du sang, du sexe et des larmes » ? La grande majorité de ce qu'on voit aux nouvelles est négatif *parce que les gens sont motivés par la peur et n'arrivent pas à lui résister : ils doivent cliquer pour voir.*

Eh bien, pas moi. Il n'y a pas de place dans ma vie pour de telles sottises. J'accorde trop d'importance à la qualité de mon état d'esprit. Je suis féroce quand il s'agit de préparer ma vie de millionnaire heureuse et sexy, et je ne tolérerai pas que ce projet prenne ne serait-ce qu'une journée de retard parce qu'une célébrité s'est mise dans l'embarras ou qu'un politicien a dit une bêtise. Appelez-moi si la guerre est déclenchée ou si l'on découvre une vie extraterrestre, d'accord ?

Une tempête dans un verre d'eau : les réseaux sociaux

J'ai adopté une attitude tout aussi stricte envers les réseaux sociaux : on ne m'aura plus. J'ai perdu beaucoup trop de temps là-dessus. Quand je me suis rendu compte que ces plateformes me manipulaient en s'assurant que j'attende impatiemment mon prochain afflux de dopamine, comme une accro (dans le langage spécialisé, on appelle ça l'effet de « ludification »), je me suis dit : « Ooooh que non ! » J'ai décidé que ça devait changer radicalement.

D'abord, comme je n'aimais pas les petits jeux d'intimidation sur Twitter (plateforme rebaptisée X depuis juillet 2023), j'ai immédiatement cessé de suivre quiconque favorisait les interventions négatives plutôt que positives. Que ce soient des amis ou non. Je n'allais pas tolérer que ma conscience soit prise en otage par des gens étroits d'esprit ou négatifs. Imaginez si tout le monde se mettait à tailler aussi radicalement dans leurs abonnements… Twitter deviendrait soudain un endroit beaucoup plus accueillant.

Instagram était une autre source de détresse constante. À cause des enjeux psychologiques qui me sont propres, j'avais attrapé une *comparatite* aiguë et je ne tirais rien de bon de cette plateforme. À l'époque, même les comptes apparemment inspirants que je suivais me donnaient l'impression que ma vie n'était pas à la hauteur. Leurs auteurs n'étaient même pas négatifs. En fait, le problème était de mon côté de l'écran. Malheureusement, c'est assez fréquent chez les gens qui utilisent Instagram de nos jours (y compris les jeunes, ce qui est encore plus effrayant). Quand l'estime de soi est basse, se connecter à Instagram, où les gens se montrent sous leur meilleur jour grâce à des photos retouchées, c'est un peu comme mariner dans un bain de toxines.

Il est possible d'aborder tout cela différemment. Utilisés adéquatement, les réseaux sociaux peuvent être de puissants alliés. Et dans le cas inverse, des adversaires. Voici comment je suis arrivée à en faire une force puissante au service de mon bien-être…

Du jour au lendemain, et pendant une période conséquente, j'ai simplement arrêté de les fréquenter. J'ai effacé les applications de mon téléphone. J'ai fait ça pour créer une *friction stratégique*, comme les acheteurs compulsifs qui maîtrisent leur impulsivité en dissimulant leur carte de crédit dans un bloc de glace au fond du congélateur.

Si je souhaitais vérifier quelque chose ou mettre en ligne une publication, il me fallait littéralement réinstaller l'application, retrouver mon mot de passe, me connecter. Je l'ai fait à quelques reprises. Mais seulement si c'était assez important pour justifier le désagrément. Et puis j'effaçais les applications à nouveau. Sans doute cela sonne-t-il un peu excessif… Cependant, je suis ainsi arrivée à me défaire de ma dépendance au nombre de mentions « J'aime », de republications et d'abonnés. Ça s'est révélé un franc succès. J'ai pu prendre une pause et travailler sur moi.

Car oui, à l'abri des réseaux sociaux et avec l'aide précieuse de mon petit rituel café, je travaillais sur moi. Le petit rituel m'a permis de nourrir mon estime personnelle, et ce travail d'amour m'a donné l'impression d'être méritante et saine. Au fur et à mesure que je me transformais en cette personne forte, aimante et confiante, je me rendais compte que j'étais dans un meilleur état d'esprit pour reprendre certains de mes comportements précédemment à risque, comme la fréquentation d'Instagram.

Une fois que je me suis sentie assez bien pour retourner sur les réseaux sociaux, j'ai effectué un travail de nettoyage radical. J'ai cessé de suivre quiconque me communiquait la moindre étincelle d'énergie négative, sur quelque plateforme que ce soit. Une blague inappropriée, un commentaire désobligeant : désabonnée. Me suis-je ainsi retrouvée seule dans un paysage de réseaux sociaux déserté ? Pas du tout. Je me suis plutôt mise à suivre des gens qui me faisaient rire ou qui avaient en général des choses positives à dire, comme des figures de proue du développement personnel, des personnes mettant en ligne de belles images d'animaux et de la nature, et des internautes vraiment comiques. Il y a en a des tonnes.

Je régule aussi strictement le temps que j'y investis, même auprès de mes nouveaux amis positifs. On ne peut pas faire comme si le temps passé là-dessus était vraiment productif. Au contraire, la plupart du temps, c'est assommant et assez loin d'une vie héroïque.

J'ai bien plus envie de créer que de consommer !

C'est pourquoi, la plupart du temps, j'accorde aux réseaux environ cinq minutes, un jour sur deux. Et j'active la minuterie sur mon téléphone pour respecter les cinq minutes ! Il m'arrive même de passer une semaine sans m'y connecter.

Avec tout le temps gagné, j'ai la latitude de travailler sur moi et sur ma vie. Je marche, je lis, j'écris, je joue avec ma fille, je médite, je rêvasse, je me lève pour me délier les muscles, je danse, je me détends. Tout ça en sachant que je ne perds pas une seule minute, parce que j'ai sauvé ce temps précieux de la montagne de déchets des réseaux sociaux.

En somme, l'essentiel, c'est que chaque fois que je me connecte sur Instagram ou sur Twitter, je me demande : ce moment me procure-t-il du bien-être ? Sinon, je prends mes jambes à mon cou. Souvenez-vous, un réseau social peut s'avérer un bon allié, mais c'est toujours un maître pervers. À vous de vous en servir adéquatement.

Lorsque je maintiens intentionnellement le plus de négativité possible hors de ma vie, mon esprit rayonne davantage. Je ne veux pas que la négativité stimule et reprogramme mon cerveau, et un des moyens les plus futés et faciles d'y arriver, c'est de filtrer les infos et les réseaux sociaux.

De tels changements ont été merveilleux pour mon bien-être. Plus j'ai d'occasions de m'investir émotionnellement de façon positive, mieux je me sens, et plus rapidement j'accomplirai la destinée que je me suis promise ! Chaque jour je m'en approche, et chaque jour je profite de l'aventure. Aucune autre voie ne me semble acceptable.

Croître malgré les situations et les personnes négatives

Vivre une vie guidée par le petit rituel café vous change, mais ça ne veut pas dire que les gens autour de vous changent à leur tour. Il est vrai que vous composerez bien plus facilement avec les autres, même ceux qui ne sont pas tombés comme vous dans la potion du petit rituel café. Mais, soyons honnêtes, certaines personnes et certaines situations requièrent une patience héroïque, de niveau mère Teresa. C'est pourquoi j'ai mis au point un entraînement pour s'y préparer et un protocole pour y faire face.

Pour dire les choses comme elles sont, vous vous retrouverez parfois en présence de gens qui ne partagent pas votre enthousiasme pour les mots et les sentiments inspirants. Vous disposez quand même d'un peu de contrôle là-dessus. Ceux qui connaissent l'importance de bien se parler à soi-même savent aussi combien il est crucial de s'entourer de personnes semblablement positives. On se sent bien en leur compagnie : l'énergie y gagne, l'expérience est plus agréable. On se tire mutuellement vers le haut.

D'ailleurs, avec le temps, vous vous rendrez compte que les gens négatifs, et même ceux que vous aimez, vous intéresseront moins. Vous ne serez plus sur la même fréquence. Vos conceptions de ce qui est possible seront aux antipodes.

Cela pourrait mener certains d'entre vous à faire des choix plus sensés quand vient le temps de s'entourer. Souvenez-vous, de meilleurs choix mènent à une meilleure vie ! Choisir consciencieusement avec qui on passe son temps est une des meilleures habitudes à adopter. Tout comme il vous faut contrôler ce que vous vous dites intérieurement, il est primordial de vous protéger des sources extérieures d'accoutumance à la négativité.

Cependant, malgré tous nos efforts, impossible de ne pas fréquenter de temps à autre un rabat-joie. Un membre de notre famille, par exemple. Même si nous pouvons diminuer le temps que nous passons avec certaines personnes négatives dans notre famille, c'est difficile de les éviter complètement. Et comme nous les aimons malgré tout, nous ne pouvons les fuir constamment. Heureusement, il existe un petit tour de passe-passe pour ces situations !

Quand on pleurniche ou qu'on se plaint en ma présence, je glisse dans la conversation : « Est-ce que ce ne serait pas extraordinaire si... ? » et voilà, je change complètement le ton de la conversation. Si je suis en voiture avec une personne irritée par le trafic, je suggère : « Est-ce que ce ne serait pas suprachouette si on avait une auto capable de s'élever dans les airs pour voler au-dessus des autres voitures ? » En combinant le plaisir de mots cocasses comme « suprachouette » et celui d'une scène loufoque où les voitures volent, j'allège l'atmosphère pour moi et pour les autres.

Dans certaines situations, les jeux de mots et la détente ne sont pas appropriés. Si par exemple une personne se défoule ou se plaint de son patron, je commence par une écoute active, comme le font tous ceux qui savent écouter. Puis, j'adoucis l'ambiance en lui donnant l'occasion de penser à quelque chose de bien plus agréable, comme : «Ce serait bien, non, si tu avais ta propre entreprise de... ? » Ou bien : « Est-ce que ce ne serait pas extraordinaire si ton patron devenait super généreux et se mettait à t'encourager et à te féliciter pour le travail formidable que tu accomplis ? » Au fond, il suffit de se montrer sensible à la situation et de répondre en conséquence, mais ça ne veut pas dire qu'il vous faut rester assis là avec la personne à mariner dans toute cette négativité.

Je fais pareil avec mes propres pensées. Tout n'est pas rose dans la vie, mais j'ai comme objectif de rendre les choses le plus rose possible grâce à la puissance de mes mots et de mes pensées. Par exemple, ma famille et moi avons récemment effectué un séjour à Lecce, en Italie. Nous avions loué un appartement pour un mois, le temps d'explorer la ville et de voir si nous voulions y vivre à plus long terme. Les voisins du dessous faisaient des rénovations et employaient du diluant à peinture, de sorte que l'odeur était vraiment infecte chaque fois que nous sortions de chez nous. Nous devions descendre les trois étages en retenant notre souffle pour ne pas inhaler des vapeurs toxiques.

Je prends notre santé très au sérieux et je savais que le diluant à peinture n'est pas du tout l'ami de nos cerveaux ni de nos poumons. Mais descendre les marches dans cet état d'esprit ne faisait que rendre l'expérience encore plus stressante. Si je vivais sous un petit nuage gris de stress, je me prenais une double ration de maux : le produit chimique et la tension. Rien pour m'aider à réaliser mes rêves.

C'est pourquoi, dans ce genre de situation où les choses pourraient aller mieux, je me trouve une pensée plus inspirante, comme : «Est-ce que ce ne serait pas extraordinaire si les escaliers de notre immeuble sentaient la rose ?»

Par ailleurs, il y a toujours la possibilité de s'adapter à la nouvelle situation. Mon mari, par exemple, descendait les escaliers très calmement, en retenant son souffle tout du long : il s'imaginait qu'il était James Bond en mission, capable de tenir comme ça indéfiniment pour survivre à un gaz toxique. La vie est un jeu, n'est-ce pas ? Il vaut mieux jouer le rôle de James Bond que celui d'une poule mouillée.

Tout devient plus léger et on se sent immédiatement mieux. Échec et mat.

Un coup de baguette magique pour se sentir mieux instantanément

Certaines situations sont loin d'être idéales, impossible d'y échapper. Mais il y a toujours moyen d'améliorer les choses. Voici un autre exemple d'utilisation des pensées positives pour rendre la vie meilleure : trouver ce qu'il y a de bien dans une situation le plus rapidement possible. C'est très facile une fois qu'on en a l'habitude, et j'ai programmé mon esprit à avoir ce réflexe. Vous y arriverez, vous aussi !

Par exemple, si je regarde un bâtiment et qu'il est recouvert d'un graffiti altérant son attrait, je cherche ce que j'aime quand même à son sujet. Les fenêtres ? La porte ? Le reflet du soleil sur la façade, peut-être. Ou le graffiti lui-même… il rappelle les peintures rupestres de la caverne de Lascaux, et le très ancien désir des humains de créer et de laisser une marque dans le monde. Voyez ce qui fonctionne pour vous ! N'importe quoi de positif fait l'affaire, car votre cerveau croira ce que vous lui direz (il est comme ça) et vous vous sentirez mieux en un instant.

S'il fait froid et que mes mains gèlent alors que je suis en chemin pour faire les courses, au lieu de me plaindre, je me remets tout de suite en tête que faire l'expérience du froid de temps en temps encourage l'expression des gènes de la longévité. N'est-ce pas merveilleux, puisque je vivrai très longtemps ? Youpi, merci, le froid !

Le bon côté des choses

Ça aussi, c'est un choix. Choisir de vous sentir bien même si les conditions sont *loin* d'être idéales, voilà la recette pour surfer sur les circonstances avec grâce. Votre faculté de choisir est la vraie source de votre résilience. Bien sûr, c'est normal de traverser une mauvaise passe, ou de trébucher à cause d'une situation difficile, mais ce qui compte, c'est ce que vous faites *ensuite*. Combien de temps vous faut-il avant de retrouver la paix et le bonheur ? Combien de temps vous faut-il pour changer d'humeur, pour vous remettre sur pied et prendre les choses en main ?

C'est en fait assez facile. Vous n'avez qu'à trouver le moyen de considérer la situation sous le meilleur angle possible. On peut toujours voir les choses du bon côté, et à force de bien se parler, on entraîne son esprit à le faire en un clin d'œil. Le bonheur devient notre état naturel, et on se sent bien, peu importe ce qui arrive. Voilà la liberté suprême : c'est un sentiment extraordinaire de n'avoir peur de rien dans la vie.

Le jeu de la gratitude

Éprouver de la gratitude, c'est la méthode garantie pour augmenter son bonheur. Exprimer sa reconnaissance est un bon moyen de se remettre un sourire au visage en toutes circonstances. Cela génère des émotions de plénitude et d'amour, grâce auxquelles on se remet facilement en selle et on reprend la route de sa vie de rêve.

Je trouve toujours une chose qui me rend heureuse à laquelle penser. Si je dois attendre dehors sous la pluie, par exemple, je suis reconnaissante d'avoir un parapluie ou un manteau (si j'ai pensé à les apporter !). Ou bien je me dis simplement : « Vive la pluie, qui aide les plantes et l'herbe à pousser ! » En opérant dans le fil de nos pensées une connexion prompte et simple fondée sur la gratitude, on brise la chaîne des pensées négatives et on amorce une chaîne de pensées heureuses. La simplicité est la clef pour obtenir une résonance profonde et rapide.

Un autre exemple : si vous vous inquiétez de vos finances, passez tout de suite à autre chose en invoquant toute la reconnaissance que vous ressentez parce que votre fils, votre fille, votre partenaire ou toute autre personne importante pour vous est en bonne santé. La santé est la source de gratitude à laquelle je puise le plus souvent parce que je sais que tout va bien dans mon monde quand je suis en bonne santé. Par ailleurs, si vous tombez malade, n'en faites pas votre seule préoccupation. Voyez les choses autrement, par exemple : « Je suis reconnaissant de ne pas être malade plus gravement » ou « Je vais profiter de ce temps de repos au lit pour regarder ma série favorite ». (Conseil d'experte : les comédies et le rire sont excellents pour la santé et la guérison.)

Pour devenir vraiment très bon à ce jeu, choisissez une journée par semaine durant laquelle, du matin au soir (entre vos heures de travail et les autres tâches qui demandent votre attention), vous tenterez d'être reconnaissant d'un maximum de choses. Ce peut être une chose aussi banale que de remercier votre brosse à dents pour votre bonne santé dentaire, ou le soleil qui brille, ou votre délicieux café. Ou ce peut être une chose aussi essentielle que votre maison, votre famille, votre travail, ou la formidable persévérance dont vous faites preuve en prenant votre vie en main comme vous l'entendez. Grâce à ce petit jeu, non seulement ce sera le plus beau jour de la semaine, mais vous programmerez la reconnaissance grâce aux connexions de votre cerveau. Cela finira par vous être tout naturel.

Je fais de la gratitude un ingrédient officiel de ma routine en ajoutant quelques phrases à ce sujet dans le scénario de mon petit rituel café. Je nomme des choses précises dont je suis reconnaissante.

+ de conscience de soi = une vie meilleure (simple comme bonjour)

Avec le temps, je me suis rendu compte que mon petit rituel café m'avait appris à être très consciente des pensées qui me traversent, des mots que je prononce et de ceux que j'entends les autres utiliser toute la journée. Je me suis aperçue que bien surveiller mes pensées permettait de concrétiser ma vie de millionnaire heureuse et sexy bien plus rapidement.

Par exemple, et cela peut paraître très simple, je n'utilise même plus l'expression *c'est pas mal.*

Hein ? Eh oui, comme je choisis consciencieusement chacun des mots et chacune des expressions que j'emploie souvent, j'ai décidé que ceux-là ne m'allaient plus. Ils laissent un arrière-goût de limitation dans ma bouche, alors je me suis entraînée à ne plus les dire. Je dis plutôt quelque chose de positif comme : « C'est super. »

Est-ce que ce n'est pas un peu exagéré ? Pas du tout. Je me suis donné une mission et je m'arrange pour la réussir… à chaque mot. Et à chaque pensée. Parce que je connais toute leur puissance. Si une expression ne m'énergise pas comme une boule disco géante et tournoyante, j'en choisis une autre.

Évidemment, mes amis et ma famille ont pensé que j'étais plutôt bizarre au début. Puis, une drôle de chose est arrivée. Je choisis mes mots de façon tellement attentive et je les utilise avec une telle passion que les gens autour de moi n'ont eu d'autre choix que de remettre en question leur vocabulaire et de changer quelques-uns des mots qu'ils employaient. La graine était plantée.

À force de répéter des affirmations positives à mon sujet, j'ai de plus en plus de facilité à parler en bien de toutes choses dans ma vie. Comprendre que chaque pensée est une affirmation m'a tout naturellement menée à penser différemment, et ce, à chaque instant. Je ne tiens aucun mot pour acquis.

Il y a tant d'occasions au fil d'une journée de céder à la paresse et de laisser une plainte ou une idée négative prendre forme en moi, me tirer vers le bas et rendre les choses plus ternes. Les petites étincelles de négativité présentes dans les paroles d'un inconnu pourraient en être le déclencheur, ou bien celles d'un proche, les réseaux sociaux, les actualités. Cette négativité peut très bien ne pas m'être adressée, d'ailleurs, mais dès que je réfléchis à une chose négative ou à une critique, cela produit une émotion négative en moi, un inconfort. Eh bien, non, hors de question ! C'est terminé, tout ça. L'énergie négative, quelle que soit sa source, n'aide absolument pas à instaurer une vie de millionnaire heureuse et sexy. Alors à présent, je choisis intelligemment et avec audace de prendre l'autre chemin. Si quelque chose de désagréable se présente, j'évite le coup et je fais un pas de côté comme si c'était radioactif. Je me mets à me parler à moi-même avec les mots les plus succulents, car je me suis si bien entraînée qu'ils sont là, disponibles et prêts à l'usage, comme par réflexe.

Vous pouvez en faire autant. Imaginez ne plus vous laisser mener par le bout du nez. Imaginez une vie dans laquelle votre cœur ne vous descend plus dans les chaussettes à cause de la peur. Imaginez… vivre heureux, peu importe les circonstances extérieures. Adonnez-vous à votre petit rituel café, et prenez doucement l'habitude d'utiliser les stratégies supplémentaires que je vous présente pour améliorer votre bien-être. Voyez à quel point votre vie deviendra *héroïque.*

Allez, j'en ai assez dit. C'est le moment de découvrir tous ces scénarios de rituel café que je vous ai promis depuis un moment.

Deuxième partie

Scénarios de petits rituels café

Voici onze scénarios de petits rituels café pour vous mettre en quête de la meilleure vie possible : une vie magique. Si vous les trouvez inspirants tels quels, sentez-vous libre de les utiliser dès maintenant. Sinon, vous pouvez les corriger ou les employer comme points de départ pour écrire les vôtres, avec des mots plus inspirants ou qui vous procurent de la joie.

Quand vous aurez commencé à entrevoir le potentiel infini du petit rituel café, la tentation sera grande d'écrire des scénarios au sujet d'absolument tout ! Attention, cela fera beaucoup de café. Plus sérieusement, bonifier la discussion qu'on a avec soi-même a l'effet suivant : si vous améliorez votre attitude dans un domaine, c'est toute votre vie qui y gagne.

Supposons que vous commenciez par le scénario concernant la richesse et la prospérité et que vous le répétiez pendant quelques semaines, eh bien, vous verriez que vous vous sentiriez mieux dans votre vie *en général*. Se dire les bonnes choses augmente l'estime de soi, ce qui vous affecte tout entier, et pas simplement quelques aspects de votre vie. Ainsi, sentez-vous libre de vous concentrer sur un scénario et de vous y tenir pendant un moment. Vous saurez que vous travaillez de la sorte à augmenter votre bien-être général.

Cela dit, libre à vous de créer plusieurs scénarios à votre mesure. J'utilise pour ma part un mélange de tous ceux-là ! Peut-être le mieux serait-il de repérer dans les scénarios suivants les phrases avec lesquelles vous vous sentez le plus en phase, puis de les ajuster à votre goût, en y ajoutant si vous le souhaitez quelques phrases de votre cru.

Une autre option consiste à associer différents scénarios à différents jours de la semaine. J'aime bien faire ça. Cela maintient une impression de nouveauté et parfois je peux adapter mon petit rituel café aux tâches du jour, que ce soit faire un entraînement, accueillir des visiteurs ou donner une entrevue pour une importante émission de radio.

Vos scénarios vont évoluer avec le temps, inutile d'essayer de les rendre parfaits dès le début. Le plus important est de maintenir votre amour de vous-même, parce que c'est là que la magie prend forme. Si au moins quelques-unes des phrases encouragent l'amour de soi, vous ne pouvez pas vous tromper.

Profitez-en bien !

CHAPITRE 12

Scénario de petit rituel café : ma vie magique

C'est quoi, une vie magique ? C'est une vie sans limites et pleine de félicité, où la synchronicité se trouve au coin de la rue. C'est se réveiller dans une forme éclatante, prêt à épouser le rythme de la journée, guidé par la curiosité. Dans une vie magique, on flotte dans une béatitude et un émerveillement de chaque instant. Partout où l'on pose les yeux se révèlent des textures nouvelles et des couleurs vives. La nature environnante ne cesse de nous épater, puisque nous arrivons à demeurer dans la béatitude.

Bref, la vie magique est un état d'esprit, et ce scénario va vous aider à l'adopter. Et si vous arrivez à conférer la puissance turbo à ce scénario en ressentant *véritablement* de l'amour, de la béatitude et de la joie en le lisant, vous couvrirez votre vie et votre avenir de poussière magique. Une telle source de magie est à la portée de tous et si vous y puisez, je vous préviens : la vie devient *vraiment* très amusante.

Remarque : si vous êtes un lève-tôt, sachez que ce scénario est encore plus puissant quand on le lit au lever du soleil. Branchez-vous à l'énergie du monde qui se réveille autour de vous, tandis que la lumière inonde progressivement la pièce et que l'ambiance est propice à la magie.

Autre remarque : je vous encourage à enregistrer vos scénarios !

Scénario de petit rituel café pour une vie magique

Je suis un être chatoyant et étincelant dès le réveil. Mes yeux scintillent de joie et d'amour.

Je suis magnifique. Je suis magique. Je suis plus encore.

La félicité m'entoure et me traverse. Ma vie extraordinaire m'enivre.

Je suis en phase avec mes objectifs et mes plus beaux désirs.

Je sens que le soleil brille partout où je vais et sa lumière irradie plus fort que tout ce que j'ai connu auparavant.

Je suis sexy, rayonnant, lumineux et séduisant.

Je surfe sur la vie sans effort et avec grâce, parce que j'ai tout le temps du monde.

Je brille, je scintille et je chatoie parce que je me sens éclatant et enjoué.

Je crois en moi. J'ouvre mon cœur et je me connecte à tout ce que la vie me prépare de merveilleux.

Dans la vie de rêve que je me destine, je reçois absolument tout, parce que je le mérite.

Ma vie est extraordinaire et la synchronicité m'attend au coin de la rue.

Je dispose d'une générosité et d'une patience sans limites envers moi-même et les autres.

Je suis un enfant de l'univers. Je suis ouvert aux réponses qui se présentent spontanément à moi.

Une abondance d'occasions à saisir se manifeste dès maintenant.

Je suis puissant et capable de faire ce que je veux. Je me lance !

J'aime faire de nouvelles choses.

Je brille de mille couleurs et elles illuminent ma vie et celle des autres.

Les occasions en or abondent dans ma vie. Je suis créatif et ma vie m'amuse.

J'aime faire de nouvelles expériences.

Chaque fois que j'apprécie quelque chose, chaque fois qu'une chose me plaît, je dis à l'univers : «Oui, donnez-m'en encore, s'il vous plaît ! »

Je suis ouvert à l'énergie qui est toujours disponible en abondance autour de moi.

Mes besoins seront toujours comblés.

J'ai l'impression de filer sur un tapis volant parmi une nuée d'étoiles, le cœur béat et émerveillé.

Je suis séduisant, curieux, et j'aime sourire.

Je regarde le monde autour de moi et je sens toute sa lumière et son énergie limpide et saine : l'optimisme mène le monde. Je répands la joie. Aujourd'hui et à jamais, la beauté est partout.

Je m'aime. Je suis unique. Je ressens l'amour de tout mon cœur à chaque instant.

L'univers est mon complice dans le connu et l'inconnu.

Je suis libre comme l'oiseau, prêt à m'envoler, parce que mon cœur tendre est grand et plein d'amour.

J'aime faire preuve de générosité envers les autres parce que le monde s'en trouve meilleur.

Ce vers quoi je me suis mis en route s'est aussi mis en route, vers moi.

Je suis prêt à accueillir les miracles !

Mon imagination est débridée et la créativité m'anime.

Je dégage une fréquence énergique élevée nuit et jour, et elle attire ce que je désire pour ma vie de rêve.

Mon énergie est si formidable qu'elle déborde jusqu'aux autres et les aide à guérir.

Je mérite tout ce que mon cœur désire.

Je suis le capitaine de cette vie extraordinaire que je m'invente.

Je me sens aimé profondément, tous les jours. Je mérite l'excellence, l'amour et la vitalité. Je vis dans la plénitude.

Je suis béat devant la nature et le monde qui m'entoure.

Je suis si heureux que je sens que je marche sur un nuage de poussière magique.

Ma vie est magnifique parce que je la crée ainsi.

Quand j'aime, j'ai des ailes. Je me sens libre, léger, calme, patient, reposé et détendu. Je vois des sourires partout autour de moi.

Je suis prêt à recevoir.

Je suis là, ici et maintenant, et je suis prêt à accueillir la magie dans ma vie.

CHAPITRE 13

Scénario de petit rituel café : changer une habitude

Nous sommes ce que nous faisons à répétition.

Will Durant, citant Aristote

Le petit rituel café peut être utilisé de différentes manières. Vous pouvez l'employer comme il en a été question dans ce livre jusqu'ici : pour augmenter votre estime de vous-même, pour reprogrammer votre esprit, pour vous réinventer et vous offrir une meilleure vie. Ou bien vous pouvez l'utiliser pour atteindre des objectifs précis, comme perdre du poids, trouver l'amour et augmenter vos revenus. Les mots peuvent aussi être employés en un sens plus vaste pour générer une meilleure qualité de vie et du bien-être. Bien vous parler, cela fonctionne pour amorcer n'importe quel changement.

Et, donc, pour se débarrasser de mauvaises habitudes également ! Ou pour en créer de meilleures. Peut-être souhaitez-vous cesser de vous ronger les ongles (mettre fin à une mauvaise habitude). Peut-être désirez-vous méditer tous les jours (créer une bonne habitude). Peut-être aimeriez-vous mettre fin à une habitude et en créer une meilleure du même coup. Le scénario de votre petit rituel café peut vous aider à mener la meilleure vie possible en visant un bien-être général, puis, en conclusion, vous pouvez lui adjoindre un scénario plus orienté et détaillé pour vous permettre de vous débarrasser d'une mauvaise habitude ou d'en instaurer une bonne. C'est comme vous voulez, votre approche devrait être flexible.

Dans tous les cas, pensez à mettre à jour et à retoucher votre scénario de petit rituel café de temps en temps, peut-être une fois par semaine ou tous les quinze jours, au fur et à mesure que vous avez de nouvelles idées ou que de nouvelles situations se présentent dans votre vie. Et puis, bien sûr, une fois la mauvaise habitude perdue, ou la bonne habitude implantée, vous n'aurez plus besoin de ces scénarios-là et vous pourrez les renouveler. (On parle habituellement d'environ trois à quatre semaines avant qu'une nouvelle habitude s'intègre.)

Ce dont il faut se souvenir quand il s'agit de changer une habitude, que ce soit une mauvaise dont on veut se départir ou une bonne qu'on veut adopter, c'est de choisir des mots *très spécifiques.* Il vous faut des mots simples, mais précis. Choisissez ceux que vous connaissez bien et préférez des phrases courtes et frappantes, sans ambiguïté.

Le meilleur chemin pour atteindre n'importe quel objectif est de viser des étapes concrètes, et il en va de même pour se défaire d'une habitude, ou pour en adopter une nouvelle. Plus il y aura de détails, plus l'image que vous en aurez sera claire et nette dans votre esprit. Il aura plus de facilité à fabriquer cette image, et donc à voir le résultat à l'avance. C'est ce dont votre cerveau a besoin : un modèle pour générer le résultat. Notre cerveau adore les images et il s'en souvient mieux que de toute autre chose. Créer des images mentales frappantes et précises de ce que vous souhaitez obtenir dans la vie est la meilleure façon d'entraîner votre cerveau à ramer dans cette direction en toutes circonstances. Cela vaut également pour changer une habitude.

Faites une liste de vos habitudes

Le temps est venu de faire la liste de ce que vous voulez changer dans votre vie. Prenez papier et crayon et séparez la page en deux à l'aide d'une ligne verticale. À gauche, faites la liste des habitudes dont vous voulez vous départir. À droite, celles que vous voudriez prendre. Ce pourrait être une bonne idée de vous limiter à trois éléments par colonne pour commencer, pour ne pas vous sentir dépassé. Vous pourrez en ajouter davantage plus tard, quand vous aurez réussi à en intégrer quelques-unes, ou à en briser d'autres.

Prenez le temps de trouver le plus impérieux des *pourquoi*

Écrire son *pourquoi* est une étape très importante de la démarche. Il s'agit de la raison qui vous pousse à entreprendre ce changement. Les différents systèmes de votre cerveau (la réflexion à court terme *versus* à long terme, ou l'intelligence analytique *versus* émotionnelle) ressemblent beaucoup à des personnages qui habiteraient votre cerveau, chacun porteur de désirs et de mœurs contradictoires. Ils passent toute la journée à négocier pour vous faire prendre des décisions, avec par exemple pour résultat de vous « offrir » du temps de repos après que vous avez accompli une certaine partie du travail au programme.

Changer une habitude demande de la planification à long terme, il faut donc que la partie analytique de votre cerveau convainque la partie automatique que c'est très important. En explicitant votre *pourquoi*, ce que vous faites, c'est que vous vous convainquez vous-même, sans l'ombre d'un doute, que la chose à entreprendre en vaut la peine.

Et quand vous exécutez l'action physique d'écrire votre *pourquoi* le plus impérieux, vous devenez plus enthousiaste à l'idée de mettre en œuvre les changements que vous vous proposez. Ça vous aidera du même coup à trouver des idées et à écrire le scénario approprié pour votre petit rituel café.

Pour chacun des éléments de votre liste, demandez-vous *pourquoi* vous voulez accomplir ce changement. Pourquoi est-ce important pour vous d'arrêter de manger du sucre, d'économiser de l'argent, d'arrêter de fumer, de boire moins d'alcool, de cesser de vous ronger les ongles, de passer moins de temps sur les réseaux sociaux ou d'arrêter de vous plaindre à tout bout de champ ? Il en va possiblement de votre santé, de votre énergie, de votre mieux-être. Vous débarrasser d'une mauvaise habitude peut avoir un effet positif sur votre vie de famille, vos revenus ou votre liberté.

Quelles sont les meilleures raisons d'adopter une nouvelle habitude ? Tâchez de trouver au moins trois raisons valables d'abandonner une mauvaise habitude, et trois autres d'en démarrer une bonne.

Voyons maintenant quelques exemples de la façon dont le petit rituel café peut vous aider dans un cas comme dans l'autre.

Modeler ses habitudes avec le petit rituel café : se lancer

Maintenant que vous avez en main votre liste de changements à apporter et que vous avez cerné votre impérieux *pourquoi*, c'est le moment de travailler sur le scénario propre à chaque élément de la liste.

Pour commencer, et pour vous donner une idée du genre de scénario qui aide à vous départir d'une habitude, je vous présente un modèle tiré de celui que j'ai écrit pour que ma fille (qui avait neuf ans à l'époque) cesse de se ronger les ongles.

Votre scénario doit tenir compte de quelques éléments. Premièrement, il doit illustrer et décrire le comportement d'une personne qui ne se ronge pas les ongles. Qu'est-ce que cette personne fait qui la différencie de celle qui se ronge les ongles ? Et vice versa.

Deuxièmement, décrivez les bénéfices d'un changement d'habitude. Tentez de penser à un maximum d'avantages et faites-en une liste. Incluez une description des émotions positives que vous vivrez si vous arrivez à vous défaire de cette habitude.

Troisièmement, repérez l'élément déclencheur habituel de votre mauvaise habitude, s'il y en a un. Proposez un comportement de substitution sain, apte à remplacer la mauvaise habitude chaque fois que l'élément déclencheur survient.

Enfin, votre scénario devrait aussi avoir recours à des mots inspirants pour augmenter votre confiance en vous-même. Il faut garder en tête la nouvelle personne que vous deviendrez, *celle que vous êtes en train de devenir* à l'instant même.

Vous n'êtes pas du genre à vous ronger les ongles? Pas de problème, voyez ce scénario comme un canevas. Conservez-en la structure, mais changez les éléments précis pour qu'ils correspondent à l'habitude dont vous voulez vous départir.

Modèle de scénario de petit rituel café pour se départir d'une habitude : se ronger les ongles

Aujourd'hui, je laisse aller le besoin de me ronger les ongles.

Je suis content de faire un choix sain pour la santé de mes mains.

Je ne ressens plus le besoin ni le désir de me ronger les ongles.

J'aime avoir de beaux ongles propres et forts.

Mes mains sont splendides quand elles sont ornées d'ongles longs et magnifiques.

J'aime vernir mes ongles avec les couleurs de l'arc-en-ciel. C'est une activité amusante.

Je suis fort, j'ai confiance en moi.

Je fais des choix sains.

Je crois en moi.

Mon cœur est plein d'amour à chaque instant.

Je m'aime et j'aime mes ongles.

Je suis formidable et je peux accomplir ce que je veux.

Mes ongles sont beaux et j'aime les garder en bonne santé.

Chaque fois que je ressens le besoin de me ronger les ongles, j'applique plutôt une délicieuse pommade sur mes cuticules.

Je n'ai pas besoin de me ronger les ongles et je laisse aller ce comportement dès maintenant.

J'ai une hygiène saine et des ongles propres. Je ne mets jamais mes ongles dans ma bouche.

C'est amusant de me faire pousser les ongles et d'en prendre soin. Ils sont si jolis.

Je m'aime ici et maintenant, et j'aime mes ongles.

Je vais au bout de ce que j'ai décidé de faire et je persévère.

Je mérite d'avoir de belles mains et de beaux ongles.

Si un de mes ongles se brise ou se fendille, j'en prends soin avec une lime ou avec un coupe-ongles.

J'adore voir mes ongles pousser !

Si je me rends compte que je me ronge les ongles devant la télévision, je choisis plutôt d'appliquer une délicieuse pommade sur mes cuticules afin qu'ils restent jolis et en bonne santé. En gardant la pommade à portée de main, je m'assure d'y arriver.

Comme vous le voyez, le scénario est assez simple et répétitif. Il inclut des phrases inspirantes qui valorisent l'investissement émotionnel, ainsi que des informations précises sur la façon dont une personne qui ne se ronge pas les ongles se comporte, et sur les bénéfices de ce choix. Ma fille, sans même que je le lui demande, en a fait une belle mise en page décorée qu'elle a ensuite choisie comme fond d'écran de son iPad, pour pouvoir le voir toute la journée.

Une fois que vous avez rédigé votre nouveau scénario, il vous suffit de le lire à voix haute au moment de votre petit rituel. En répétant ces affirmations entre vos gorgées de café, à l'occasion de votre routine bien intégrée, vous vous assurerez d'implanter très rapidement ces nouvelles idées. Habituellement, en une semaine ou deux (parfois, il en faut trois), le besoin de vous ronger les ongles commencera à se résorber, jusqu'à ce que l'habitude n'existe plus.

Pour accélérer le processus, je recommande de lire le scénario souvent, et pas seulement lors du rituel matinal. Prendre l'habitude de focaliser votre esprit sur la lecture de ce scénario pendant dix minutes jusqu'à trois fois par jour aura un effet plus fort. C'est un peu comme les trois repas quotidiens de votre âme… ou, dans ce cas-ci, de vos ongles !

À propos de repas, si vous prenez l'habitude de lire votre scénario avant de passer à table, ce sera plus facile d'y penser.

Puis, un jour, une chose presque magique arrive : vous vous réveillez et vous n'avez plus du tout envie de vous adonner à votre mauvaise habitude. Vous en êtes libéré. Mais ce n'est *pas* de la magie. Vous avez créé votre propre comportement en programmant votre esprit en conséquence.

Votre démarche peut être facilitée par d'autres petits trucs. Par exemple, je donnais à ma fille une balle antistress quand elle regardait Netflix, pour que ses mains aient autre chose à faire que de toucher ses ongles. Parfois, je lui offrais une récompense, comme une visite au salon de manucure lorsque ses ongles avaient atteint une certaine longueur. Je lui faisais aussi porter des gants pour l'aider à se départir de son habitude.

Tous ces trucs, même s'ils sont utiles, ne changent pas la personne que vous êtes. Ils ne font pas de vous une nouvelle personne. Mais en vous parlant de la bonne façon, là, vous pouvez y arriver. Vous changerez votre personnalité, et une fois que vous y êtes, tout s'enchaîne !

D'abord, il deviendra plus facile de vous départir d'autres habitudes. Et puis, en vous transformant, vous vous ouvrirez à de meilleures habitudes parce que votre cerveau, dorénavant guidé par l'amour, aura soif de changements positifs. C'est un des miracles du petit rituel. En combinant des instructions précises comme : « **Ne pas se ronger les ongles** » avec des affirmations générales et positives comme : « **Je suis une bonne personne et je mérite ce qui m'arrive** », vous mettez en branle des changements bien plus profonds qu'un simple ménage dans vos habitudes. Vous transformez tout le paysage de votre esprit. Vous devenez une personne qui croit en elle-même. En plus de la confiance nécessaire pour effectuer quelques changements de comportement ponctuels, vous acquerrez aussi un point de vue beaucoup plus large sur le monde, qui vous permettra d'apercevoir les occasions à saisir afin d'améliorer votre vie sous toutes les coutures.

Créer une bonne habitude

Nous venons de voir comment se débarrasser d'une mauvaise habitude grâce au petit rituel quotidien. À présent, nous verrons un modèle de scénario pour accompagner la création d'une nouvelle habitude positive. Nous ferons comme si vous vouliez vous mettre à méditer tous les jours. Si cet objectif ne vous dit rien, ne vous en faites pas, la technique peut être appliquée à n'importe quelle autre habitude.

Quand vient le temps de programmer une nouvelle habitude avec l'aide du petit rituel, d'autres variables contribuent à votre succès. D'abord, il est conseillé d'aménager un environnement favorisant cette nouvelle habitude. Ensuite, vous augmenterez les chances de persévérer jusqu'à ce qu'elle tienne si vous activez des rappels et que vous prévoyez des moyens de vous encourager.

Si l'on revient à la méditation, il pourrait être utile de concevoir un environnement propice : un oreiller adapté par exemple, une chaise, un espace libre et intime pour s'asseoir, comme un placard, des bougies, etc. Vous pourriez aussi prévenir vos proches de ne pas vous déranger pendant ce moment-là.

Et le scénario adapté de votre petit rituel café ? On y arrive ! C'est en effet le rituel qui commence à reprogrammer votre cerveau, et ce, avant même que vous ayez commencé à méditer. Il prépare le terrain. Il crée l'état d'esprit favorable. Utiliser dans le cadre de votre petit rituel café le scénario adapté pendant une à trois semaines facilitera l'intégration de votre nouvelle habitude. Ce sera également plus agréable.

J'aime dire que profiter du petit rituel café pour se donner de bonnes habitudes, c'est comme les rendre « plus adhérentes ». En programmant votre cerveau avant et pendant la période où vous travaillez à intégrer votre habitude, vous augmentez vos chances de réussite. Lire le scénario avant même que la méditation fasse partie de votre vie, c'est familiariser et préparer votre cerveau et votre corps. Comme un joueur de basketball qui visualise un lancer parfait avant d'être sur le terrain, servez-vous du rituel pour visualiser votre habitude, et ainsi la rendre plus naturelle et aisée quand vous vous y mettrez. Puis, lorsque vous commencerez à méditer, continuez de lire le scénario avec votre café du matin pour renforcer les connexions dans votre cerveau.

Modèle de scénario de petit rituel café pour implanter une bonne habitude : méditer

Je suis une personne qui aime la méditation. Je me réjouis de tous les bienfaits qu'elle peut m'apporter.

Je prends le temps de méditer chaque jour parce que c'est important.

Je mérite d'utiliser le temps dont je dispose pour méditer.

J'aime méditer.

Mon esprit et mon corps se sentent si bien lorsque je médite que j'ai envie de le faire tous les jours.

Je médite pendant dix minutes tous les jours et ça me fait le plus grand bien.

Je suis fort et confiant. J'aime être en bonne santé.

Je suis ouvert à toute l'énergie qui m'entoure.

Je m'aime, j'aime la personne que je suis.

Tous les jours, je suis impatient de m'asseoir pour méditer. C'est une partie intégrante de ma vie et ça m'aide à me sentir en paix.

Méditer augmente ma résilience et réduit mon stress.

Je crois en moi, parce que je suis magnifique.

Je suis magique. Je suis plus encore. Je suis heureux.

Je ne ressens aucune frustration en méditant. Quand je remarque que mon esprit s'égare, je cherche simplement à retrouver ma concentration. Chaque fois que cela arrive, mon esprit devient plus fort.

Je suis le capitaine d'une vie extraordinaire. J'aime faire de nouvelles choses.

Je suis reconnaissant de prendre si bien soin de moi.

Méditer augmente ma créativité, et j'aime ce que cela fait à mon corps.

Je suis incroyable parce que je peux faire tout ce que je veux.

Je me valorise.

Ça me fait plaisir de prendre le temps de méditer.

Méditer est une super façon de me sentir bien, d'augmenter ma longévité et ma résilience.

Je me célèbre et je célèbre le fait que je prenne le temps de méditer.

Je tiens bon et je persévère.

Méditer est un de mes moments préférés de la journée grâce au bien-être que cela me procure.

J'ai d'excellentes habitudes de gestion de mon temps.

Dans la vie que je me destine, je mérite de recevoir tout ce que je veux.

Je mérite de prendre du temps dans ma journée pour méditer.

Méditer est bon pour mon esprit et pour mon corps.

Créer un espace destiné à la méditation rend plus facile et plus agréable le fait de méditer tous les jours.

Je m'aime et j'aime méditer.

J'aime être une personne attentionnée.

Méditer m'aide à réaliser mes rêves, parce que cela me procure du calme et de la paix.

Encore une fois, sentez-vous bien à l'aise de modifier ce scénario et d'utiliser plutôt des phrases qui vous procurent de la joie. Tandis que vous profitez de votre café quotidien, lisez ce scénario à quelques reprises. Pour favoriser l'adhérence de votre bonne habitude, lisez-le à trois moments différents de la journée. Le relire juste avant d'aller au lit est tout particulièrement conseillé !

Ne vous en faites pas si cela prend jusqu'à un mois avant que l'habitude s'installe pour de bon. Souvenez-vous des autres conseils que j'ai offerts pour qu'un changement survienne plus rapidement. Prenez soin de penser à l'environnement de votre petit rituel café, servez-vous d'une pièce de musique inspirante (dans ce cas-ci, un morceau tranquille serait parfait pour inspirer la méditation) et regardez des images qui pourraient vous motiver à méditer.

Et, plus important encore, assurez-vous de pleinement ressentir les émotions et les sentiments que vous inspire votre petit rituel café.

CHAPITRE 14

Scénario de petit rituel café : mise en forme et perte de poids

Être en forme ou avoir une silhouette bien dessinée est un objectif répandu : c'est donc un sujet assez populaire quand vient le temps de se parler à soi-même. Il faut pourtant éviter certains écueils. Pour commencer, plusieurs personnes qui veulent maigrir ont du mal à s'aimer elles-mêmes, et ce peut être l'une des raisons pour lesquelles elles « s'accrochent à leur poids ». D'une certaine façon, celui-ci les enveloppe comme une armure.

Qu'à cela ne tienne : quand l'estime de soi augmente et qu'on commence à s'aimer, deux résultats attendus du petit rituel café, on peut perdre du poids avant même d'avoir délibérément modifié ses habitudes alimentaires ou sa routine d'entraînement. Aussi bizarre que cela puisse paraître, le cerveau a sa propre façon de rendre les choses réelles et tout particulièrement en ce qui a trait au corps, au métabolisme, à l'expression des gènes, au système immunitaire et à la santé en général.

Vous parler en bien de vous-même peut aider d'une autre façon : en orientant votre scénario selon les instructions que je m'apprête à vous donner, vous transformerez votre personnalité… pour devenir une personne qui se comporte *comme* les gens sveltes et en bonne santé. Vous créerez le *désir* de bouger davantage, de faire de l'exercice et de maîtriser votre poids.

Avez-vous déjà remarqué que les gens les plus en forme à la salle de sport dégagent une énergie singulière, une intensité, un allant unique sur le tapis roulant ? Ils n'ont jamais l'air de s'ennuyer : au contraire, ils arborent un air déterminé. Infatigables, ils semblent disposer d'une énergie inépuisable. C'est comme s'ils avaient une mission à accomplir. En fait, ils en ont une. Ce que vous observez là, c'est l'*attitude* d'une personne en forme. L'incarnation de cet état d'esprit. Si vous croyez que cette attitude est la conséquence de leur forme physique, vous prenez les choses à l'envers. Ces gens sont en forme *parce qu'ils ont adopté cette attitude.* Changez votre cerveau et le corps suivra. Il n'aura pas d'autre choix.

Enfin, nombre de personnes pensent qu'elles n'ont pas le temps ni l'énergie de faire régulièrement de l'exercice. Eh bien, pour cela aussi, votre petit rituel café vous donnera un coup de pouce. Il vous permet de reprogrammer votre cerveau et de voir l'entraînement différemment. Le scénario qui suit vise à pousser votre cerveau à capter la fréquence radio : « Je suis un champion sportif énergique et sexy. » Il peut convertir une personne qui n'a pas le temps en une personne qui *trouve* le temps de se mettre en forme… comme si c'était une étape normale de sa journée. Pas un travail, mais un plaisir. Vous verrez, vous en aurez envie !

Comme vous vous adonnez habituellement à votre petit rituel café le matin, ce scénario est adapté en conséquence. Toutefois, je recommande que vous le lisiez aussi avant de vous entraîner. C'est encore mieux si vous l'associez à une musique énergique, pour vous donner envie de bouger, de courir et de danser.

Dans le chapitre précédent, vous avez découvert des techniques complémentaires pour vous aider à prendre une bonne habitude. Comme vous le savez, commencer par s'en parler de la bonne façon, c'est s'assurer de ne pas se limiter à créer une bonne habitude, mais de devenir plutôt une nouvelle personne, qui *aime* s'y adonner. Un changement crucial pour que l'entreprise soit couronnée de succès, parce qu'il faut transformer la façon dont on voit les choses pour que l'habitude s'incruste à long terme.

Une voie possible est de commencer par simplement vous adonner à ce petit rituel café (ou à une version légèrement modifiée à votre convenance), sans plus. Puis, si vous souhaitez qu'il agisse davantage, essayez de le lire plusieurs fois par jour, y compris juste avant d'aller au lit.

Après une semaine, faites un petit bilan intérieur et jaugez les changements qui sont survenus dans votre tête et dans votre cœur. Avez-vous l'impression d'être plus énergique ? Avez-vous une tendance plus naturelle à vouloir faire de l'exercice ? Réfléchissez-vous aux différentes façons d'intégrer davantage d'activités physiques dans votre vie ? Avez-vous fait l'expérience d'une synchronicité qui montre que l'univers vous encourage à vous mettre en forme ? Vous constaterez probablement, après une semaine ou deux de ce petit rituel, que cela vous démange d'intégrer quelques bonnes habitudes à votre quotidien, parce que vous êtes en train de devenir le genre de personne qui mène cette vie !

Modèle de scénario de petit rituel café pour se mettre en forme et perdre du poids

Je m'aime et j'aime ma vie. J'aime mon corps et j'aime le mettre en mouvement.

Je me sens vraaaaaiment bien !

Mon corps aime être en forme parce qu'il se sent à merveille comme ça.

Choisir des aliments frais et sains me donne une énergie prodigieuse.

Je suis le capitaine de la vie extraordinaire que je me destine.

Je suis reconnaissant de prendre soin de mon corps et de l'aimer. Je prends soin de moi.

Je crois en moi.

Lorsque je me sens reconnaissant, méritant et puissant, c'est comme si mes désirs étaient déjà exaucés. Ainsi, je connecte mes émotions actuelles à celles qui m'attendent dans le futur, et mon corps croit que ce futur est arrivé.

J'aime comment je me sens après m'être promené à l'extérieur.

J'aime bouger parce que cela oxygène mon système lymphatique et active ma circulation sanguine. J'ai plus d'énergie par la suite.

J'aime avoir un corps fort et en forme. YOUPI ! Allez !

Faire de l'exercice me donne de l'énergie et de la confiance en moi.

Je tiens bon et je persévère. Je prends ma santé en main !

Je crois en moi.

Je suis magnifique. Je suis magique. Je suis une personne fantastique.

Je peux faire de l'exercice partout, que ce soit à la maison, à l'extérieur ou dans une salle de sport. Les options sont infinies.

Dans la vie de rêve que je me destine, je mérite de recevoir tout ce que je veux.

Je suis fort et confiant. Rien ne peut m'arrêter et je vis comme si tout était possible.

J'aime mon corps, c'est facile d'en prendre soin.

Je suis extraordinaire et si je veux faire quelque chose, j'y arrive.

Je me remercie de prendre si bien soin de moi et de mon corps.

Marcher est une bonne façon de faire de l'exercice et ça me plaît beaucoup.

J'aime me mettre au défi et augmenter mon rythme cardiaque en faisant de l'exercice.

Transpirer un bon coup, c'est libérateur. Oh que oui !

J'aime la découverte, j'aime essayer de nouvelles choses, c'est inspirant. C'est motivant de se renouveler !

Faire de l'exercice, cela peut être aussi simple que de sauter en effectuant des écarts, ou de réaliser des tractions. Dès que je m'y mets, j'ai envie d'augmenter la cadence, parce que ça fait du bien et que ça m'énergise.

Une nourriture saine nourrit mes cellules, qui peuvent alors construire des muscles et des organes en bonne santé. C'est comme ça que je construis une version en meilleure santé de moi-même, cellule par cellule !

Être fort me donne un avantage dans la vie.

Je dégage une grande puissance. Mon corps est souple. Mon corps est fort.

Je soigne mon hygiène et je suis en bonne santé.

J'aime me dépenser dans l'effort, j'aime prendre de profondes inspirations qui remplissent mes poumons d'oxygène, j'aime sentir mes muscles travailler et brûler des calories.

J'aime comment je me sens après m'être entraîné. Je n'ai pas l'impression d'être fatigué ou courbaturé, mais je sens à quel point mon corps a bien travaillé et s'adapte, développe ses muscles et devient plus fort.

Je suis reconnaissant de m'entraîner tous les jours. Quand je bouge intensément, je me sens lumineux et vivant !

J'aime choisir une nourriture saine parce qu'elle améliore ma santé.

J'attire plus d'énergie, de plénitude et de santé en demeurant dans une conscience aiguë du monde.

Mon corps a la souplesse d'une magnifique panthère.

Je suis le capitaine de la vie extraordinaire que je me destine.

Je suis sexy.

J'aime commencer la journée par quelques minutes d'exercices pour activer ma circulation sanguine. Je suis prêt, c'est parti !

C'est amusant de s'entraîner, et je suis impatient de m'y mettre chaque jour. Je fais les meilleurs choix pour ma santé.

Je suis une personne douce et attentionnée. Je ressens l'amour au plus profond de mon cœur à chaque instant.

Mon corps aime se sentir fort et flexible.

Après l'effort, je suis fier et heureux d'avoir pris le temps de m'entraîner. Merci.

Je dispose d'une quantité illimitée d'énergie, elle bourdonne en moi. Je suis électrique. Bzzz, bzzz, bzzz !

Je mérite de prendre du temps chaque jour pour bouger. C'est bon pour moi et c'est agréable.

Je m'aime. Toujours.

CHAPITRE 15

Scénario de petit rituel café : santé et longévité

La santé et la longévité me tiennent à cœur. La santé compte pour moi parce que j'essaie toujours d'avoir le plus d'énergie et de vitalité possible. Ainsi, je vis ma vie à fond. J'ai également pour projet de vivre le plus longtemps possible, et, comme Dave Asprey (créateur de contenu, grand manipulateur du fonctionnement biologique et inventeur du café *bulletproof*), je programme mon cerveau afin qu'il croie que je vais vivre, tenez-vous bien… *cent quatre-vingts ans.*

Ce chiffre vous paraît-il absurde ? Voici deux raisons pour lesquelles il ne l'est pas tant que cela.

Premièrement, l'idée de vivre cent quatre-vingts ans n'est pas si insensée quand on tient compte des recherches en médecine et en technologie. Nous avons fait des pas de géant en cinquante ans. Si on extrapole un peu, et qu'on calcule les gains exponentiels que nous connaîtrons quant à la puissance des ordinateurs, ce n'est pas déraisonnable de croire que la science aura repoussé l'espérance de vie à cent vingt ans avant que j'atteigne mes soixante-dix ans… et à cent quarante avant que j'atteigne mes quatre-vingt-dix ans, et ainsi de suite. Le simple fait qu'un domaine de recherche entier se consacre désormais à mettre fin au vieillissement, et qu'il reçoit pour ce faire des financements considérables depuis une ou deux décennies, laisse présager le meilleur en ce sens.

Mais même si l'on fait fi des chiffres en tant que tels, le rythme du progrès de la technologie finira par dépasser celui du vieillissement des personnes. Le truc, c'est de rester en vie et en bonne santé jusqu'à ce moment-là, celui où nous aurons atteint la vitesse de libération de la longévité. En attendant, votre cerveau joue un rôle fondamental pour vous maintenir en bonne santé, jeune et dynamique.

Deuxièmement, penser que je vais vivre plus de cent quatre-vingts ans oriente mon esprit et mon corps sur une nouvelle trajectoire. Nos cerveaux adorent recevoir des instructions et prennent tout ce qu'on leur dit au sérieux, que ce soit de bonnes ou de mauvaises choses. Ils travaillent en ce sens. Mon mantra est donc : pourquoi ne pas viser plus haut ? Visez les étoiles, sait-on jamais, vous atteindrez sans doute la lune !

Quand je m'imagine vivre si longtemps, je me rends compte qu'il n'y a pas de place pour la maladie ni pour la souffrance dans ma vie. Le simple fait de me le dire me donne confiance, comme si j'avais un destin. Cela réduit mon stress. Et réduire le stress, c'est la recette pour vivre plus longtemps.

Le scénario suivant regorge de pépites pour encourager votre corps à vivre sainement et à trouver son bien-être, et il insiste tout particulièrement sur la longévité. Sentez-vous à l'aise de ne retenir que les phrases qui vous procurent le plus de joie et qui vous semblent les plus inspirantes.

Modèle de scénario de petit rituel café pour être en bonne santé et vivre longtemps

Je me sens extraordinaire et j'ai une vie incroyable, pleine de vitalité et de félicité.

J'ai tellement d'énergie que j'ai envie de danser dès que je me lève le matin. Je déborde d'énergie.

J'aime ma vie. Je m'aime. J'aime la vie !

Je suis impatient de découvrir tout ce qui va m'arriver aujourd'hui, demain, et dans cent ans.

Je vis une longue et bonne vie parce que je prends soin de moi.

La vitalité de mon corps le rend électrique, je me sens jeune. Je brille de mille couleurs et elles illuminent ma vie. Je plane comme un aigle.

Je suis calme et détendu. Cette paix profonde que je ressens dans mon corps me protège et me permet de guérir.

Tout est formidable aujourd'hui et je me sens comblé d'être en vie. Merci !

Mon énergie et ma santé sont sans limites. Je baigne en elles et c'est vraaaaaiment agréable !

Je chéris ma santé et je prends soin de moi en mangeant bien, en faisant de l'exercice et en vivant dans l'amour. Mon corps produit son propre élixir de jouvence.

J'aime profiter d'une bonne nuit de sommeil, durant laquelle mes rêves digèrent tout ce que j'ai vécu. Les phases de sommeil profond m'aident à guérir et à me ressourcer.

Je scintille. Je plane. Je suis plein de vie. Wouah !

Je me mets au diapason des occasions d'améliorer ma santé. Je les sens qui viennent à ma rencontre. Mon énergie incomparable me connecte à ma longévité.

Je crois en moi. Je crois en mon corps. Je crois que mes gènes maintiennent mon dynamisme et ma santé.

Mon système immunitaire est puissant et fort parce que je ressens du bonheur et de la reconnaissance jour après jour.

Je respire avec facilité. Mon corps est sain des pieds à la tête. Je vivrai au moins cent quatre-vingts ans.

Je suis magnifique. Je suis magique. Je me sens jeune.

Je me sens dans une santé extraordinaire, je vis dans le bien-être parce que je l'accueille.

Je prends soin de mon corps et il prend soin de moi. J'aime mon corps !

Ma santé est une priorité et il m'est agréable d'en prendre la responsabilité.

J'aime apprendre sans cesse à vivre plus sainement. J'aime essayer de nouvelles choses.

Je vois les choses telles qu'elles sont et je pense avec limpidité tous les jours parce que j'ai une concentration et une motivation de feu.

Mes hormones de jeunesse se font la course dans mon corps et laissent une traînée d'énergie et de vivacité scintillante.

Je déguste des mets exquis qui nourrissent mon corps, mon esprit et ma longévité. J'apprécie ce que je mange.

Mes jambes sont formidables !

Je suis reconnaissant de prendre si bien soin de moi, et de m'assurer ainsi une longue et heureuse vie.

J'ai un corps formidable et je l'aime tout entier.

Ma mémoire et mon cerveau tout entier sont puissants. Je me souviens de tout. Les mots me viennent facilement à la bouche. Je me souviens des choses sans effort.

Je vivrai cent quatre-vingts ans au moins. Regardez-moi faire !

Mon corps aime guérir. Je ressens l'amour au plus profond de mon cœur, à chaque instant.

Mon corps aime se sentir fort.

Je mérite la longévité.

Il existe une harmonie entre mon cerveau, mon esprit, mon corps et mon âme. Je suis beau.

Les centres énergétiques de mon corps sont connectés et m'illuminent.

Je me sens sexy et énergisé aujourd'hui comme tous les autres jours.

C'est amusant de faire de l'exercice et j'adore cela. C'est un moyen de prendre soin de moi et d'augmenter mon énergie.

JE… SUIS… EXTRAORDINAIRE !

CHAPITRE 16

Scénario de petit rituel café : guérir

Il existe des preuves scientifiques de la guérison par la pensée.

Docteur Joe Dispenza

Après une telle citation, a-t-on vraiment besoin d'en dire plus pour présenter ce scénario de petit rituel café ? (Si vous demeurez sceptique ou que vous ne connaissez pas ces études, lisez *Devenir super-conscient* et *Le placebo, c'est vous !* de Joe Dispenza.) Maintenant que vous savez que vous disposez du pouvoir intérieur de guérir en ce moment même, passons directement au scénario pour que vous puissiez donner les bonnes instructions à votre corps qui veut guérir.

Modèle de scénario de petit rituel café pour guérir

Mon corps a le pouvoir de se guérir parce qu'il est conçu pour ça.

J'aime mon corps aujourd'hui et tous les jours.

Mon esprit possède le secret du remède idéal.

Tout est pour le mieux.

Je suis extraordinaire et je suis aimable. Mon cœur est plein d'amour à chaque instant.

Le bonheur est le remède suprême. Le bonheur, c'est la plénitude. Mon bonheur me guérit et me maintient en bonne santé tous les jours. Profiter de la vie, c'est être heureux.

Je suis rempli d'amour pour mon corps. Cet amour m'élève.

Mes émotions et mes croyances agissent sur chacune de mes cellules.

J'active mes gènes de la guérison grâce à la comédie et à l'humour. J'aime rire.

Mon corps sait comment guérir parce que je le guide avec mes pensées affirmatives.

La plénitude est en moi et autour de moi.

Je me règle à la fréquence de l'abondance, de la plénitude et de la reconnaissance et je suis irrigué par leur énergie. Elle est partout autour de moi.

Je dispose d'une patience et d'une générosité infinies parce que j'ai tout le temps nécessaire.

Je brille de mille couleurs et elles illuminent ma vie.

Mes cellules et mes hormones reluisent de santé comme des pépites d'or.

J'ai du courage et j'ai foi en moi : je vais guérir.

Je prends de profondes inspirations. L'oxygène emplit mes poumons et me détend.

Je mérite de guérir. Je mérite ce que je reçois. Je le sens. Je le sais. J'en demeure conscient toute la journée. L'énergie positive active mon programme génétique de guérison.

Je me sens bercé par une vague océanique de paix en ce moment même. Je l'entends clapoter autour de moi.

Mon corps est un organisme capable de se guérir lui-même. Mon corps se répare quand je suis détendu et heureux.

Je me connecte à la guérison qui se présente, je sens qu'elle est là, à ma portée. Je suis relié à elle par la plénitude et l'amour que j'éprouve.

Mon corps aime être fort. Je suis dans une présence absolue.

Chaque fois que je ressens de la gratitude pour quelque chose, chaque fois qu'une chose me plaît, je dis à l'univers : « Oui, donnez-m'en encore, s'il vous plaît ! »

Dans la vie de rêve que je me destine, je mérite de recevoir tout ce qui m'arrive.

Rien ne peut m'arrêter parce que je sais que tout est possible.

Je forme un tout intègre, des pieds à la tête.

Si je reste attentif à cette énergie de guérison de la plénitude, j'en attire davantage et la santé vient à moi.

Je suis ouvert à une merveilleuse guérison.

Je suis un enfant de l'univers, il m'inonde d'énergie de guérison et me couvre de sa lumière aimante.

Lorsque je me sens reconnaissant, méritant et authentique, c'est comme si mes désirs étaient déjà exaucés. Ainsi, je connecte mes émotions actuelles à celles qui m'attendent dans le futur, et mon corps croit que ce futur est arrivé. En maintenant ce lien, j'accélère la venue d'une santé de fer.

Je suis perméable à l'énergie qui m'entoure.

Je guéris toujours rapidement.

J'aime tous les aspects de ma personne, mes cheveux, mon cerveau, mes yeux, mon visage, mes bras et mon torse, mon estomac et mes organes, mes jambes et mes pieds. Je m'aime tout entier. Tous les jours, je m'aime.

L'amour est extraordinaire parce qu'il guérit.

Mon corps persévère !

J'aime être une personne positive et attentionnée parce que cela fait du bien.

Je crois en moi. Je crois en mon corps formidable.

Mon corps aime guérir, parce qu'il a été conçu pour ça !

Je suis le capitaine de mon corps en pleine guérison.

Je suis traversé d'une énergie intense, saine et aimante. Je suis guéri.

Je suis détendu et reconnaissant que mon corps soit capable de guérir.

Je me sens reposé et vif.

Je suis dans la plénitude.

Je me remercie de prendre soin de moi.

Ma force est illimitée parce que je déborde d'une énergie chaude et éclatante. Elle vient de l'intérieur et se répand à l'extérieur de moi. Mon énergie est si abondante et puissante qu'en plus de me guérir, elle a le pouvoir de guérir les autres.

Je respire avec facilité. Mon corps est en parfaite santé et je vivrai jusqu'à cent quatre-vingts ans.

Je suis extraordinaire.

J'informe mon esprit que la santé m'appartient, qu'elle circule toujours dans ma vie. En conséquence, elle est toujours là, à portée de main. Je suis un créateur.

Je suis heureux et reconnaissant, ici et maintenant.

Je suis l'amour.

CHAPITRE 17

Scénario de petit rituel café : la richesse, le succès et la prospérité

Si vous lisez mon blogue, vous savez que le mot *millionnaire* (comme dans *millionnaire heureuse et sexy*) a un sens particulier à mes oreilles. Bien sûr, il concerne l'argent, mais ne vous arrêtez pas là-dessus... il a une signification *beaucoup* plus large. Il ne veut pas simplement dire que l'on dispose d'une valeur nette de plus d'un million de dollars. Il faut penser plus grand. Le mot implique d'avoir les moyens de vivre la vie de ses rêves, un point c'est tout !

Ce pourrait être un million de dollars, mais qu'en sais-je ? Ce pourrait être bien plus... cinq, dix millions... ou peut-être *juste* cinq cent mille dollars ? (Avouez que *demi-millionnaire heureuse et sexy* n'a pas le même effet, si ?) Le nombre exact vous appartient, mais ayez-en un en tête (de valeur nette, de revenu annuel, de revenu mensuel, comme vous voulez). J'ai le mien, parce qu'il est profitable d'avoir un objectif clair, mais surtout, j'ai fait du mot *millionnaire* un nom de code. Il implique pour moi tout un ensemble d'idées et d'émotions : l'abondance, la générosité, le succès, un mode de vie privilégié, les voyages, et plus encore. Une idée se détache du lot…

La liberté.

Millionnaire, pour moi, c'est l'étiquette de l'état mental et émotionnel que je veux invoquer pour sentir que j'ai le pouvoir et la liberté de faire ce que je veux de ma vie. D'aller où bon me semble, d'être cette femme extraordinaire et pétillante que j'ai en tête, de me lancer dans des entreprises audacieuses, d'avoir de grands rêves, d'en jeter, et de vivre une vie carrément *héroïque*. C'est cet état d'esprit de millionnaire qui m'a permis de voyager partout dans le monde pendant un an, puis de m'installer, pour un moment du moins, dans ce petit village italien médiéval et pittoresque au sommet d'une colline, en Ombrie. Un paysage tout droit sorti d'un film !

Rien de tout cela n'a demandé un million de dollars… Cela nécessitait seulement que je voie grand, que j'imagine clairement ce qu'allait être ma vie de millionnaire, et que j'élabore des projets en conséquence. Étape par étape, tout s'est mis en place. Parce que dans mon esprit, ce n'était pas simplement possible. C'était *simple*.

Scénario de petit rituel café : la richesse...

Dans le scénario suivant de petit rituel café, je vous présente les phrases que je me suis dites pour que ma vie de millionnaire se matérialise. Ces mots sont puissants. Si vous les prenez au sérieux et que vous les écoutez religieusement, ils vous donneront une longueur d'avance. Un atout dans votre manche.

Pour que les choses soient plus magiques encore (et je suis ici diablement sérieuse), il faut prononcer ce scénario debout, en prenant une pose puissante. À la Wonder Woman. Ou à la Thor, si vous préférez. Votre corps *répondra* à vos mots : *il n'aura pas le choix !* Et si vous y mettez de l'intention, de l'énergie, voire de l'effronterie, ce sera encore plus fort. (Je n'invente rien. On a démontré que ce genre de pose augmentait la confiance en soi.)

Voici un exemple : placez les mains sur les hanches, fixez votre regard droit devant vous et souriez d'un air entendu. (Vous savez de quel sourire je parle : ce sourire confiant qui donne l'impression que vous avez réponse à tout, et plus d'un tour dans votre sac. Et que vous tenez un lasso en or qui oblige les gens à dire la vérité.) Oui, c'est ça ! *Le pouvoir est en vous !* Si vous avez une cape, sans blague, sortez-la et enfilez-la pour vous inspirer. Pas de cape ? Une serviette ou un drap tenu en place par des épingles à cheveux fera l'affaire ! Connectez-vous à votre superhéros intérieur. Vous sentirez toute la différence. Attention, c'est du sérieux.

Modèle de scénario de petit rituel café pour obtenir la richesse, le succès et la prospérité

Ma vie a un sens. Je dispose d'un potentiel infini. Quand je désire une chose et que je la mérite, je fais ce qu'il faut pour l'obtenir.

Ma vie est héroïque parce que je suis à la hauteur. C'est mon droit le plus absolu.

Je m'encourage chaque jour parce que je peux y arriver. J'y arrive déjà !

C'est facile pour moi de puiser à la source de la créativité. Je vois des occasions en or et des solutions partout autour de moi.

Je mérite tout ce que je désire.

Je bénis mon ordinateur, il m'apporte succès et prospérité.

Les occasions en or abondent parce que je les attire comme un aimant. Pas une ne m'échappe.

J'ai une mémoire exceptionnelle. Je me souviens de tout sans effort.

J'aime rencontrer de nouvelles personnes et partager mes idées. J'aime écouter les autres et apprendre.

Je m'aime. J'aime ma vie. J'aime la vie.

Je suis le capitaine de ma vie extraordinaire et épique parce que c'est moi qui me la suis destinée.

Je crois en moi.

J'ai une relation formidable avec l'argent.

La clef pour réaliser mes rêves est entre mes mains parce que je suis capable et fort.

GRRRRRR !

Dans la vie que je me destine, je reçois tout ce que je désire, car JE LE MÉRITE.

Tout ce que je touche est une réussite. Je vais de succès en succès.

Je suis charismatique et j'aime échanger avec les autres.

Mon esprit bondit, je suis au sommet du monde parce que je suis le héros de ma propre vie.

Je suis brillant. Je suis sûr de moi. Je n'ai aucune limite.

Mes talents sont reconnus par tous ceux qui m'entourent.

Si je suis puissant, c'est parce que je tiens bon et que je persévère. Je crois en moi et en mes compétences exceptionnelles.

La prospérité m'entoure. Je suis prospère.

Je reste à l'écoute des occasions à saisir. Je les ressens, elles sont là autour de moi. Grâce à mon énergie créative, je suis lié à elles.

Mes revenus augmentent sans cesse. Allez, encore !

L'argent m'aime ! L'argent m'aime !

Rien ne peut m'arrêter parce que je sais que tout est possible.

Je suis prêt à plonger dans ma journée à fond, et je déguste tout ce qui m'arrive ! J'aime ma vie !!!

Je suis organisé et efficace parce que cela m'aide à rester concentré.

Je garde ma vie en ordre.

Je mérite de recevoir. C'est très clair. Je le sais. Je le sens. Je reste à l'affût de cette sensation toute la journée.

Mon cœur reconnaissant demeure tout proche des richesses de l'univers. J'ai une belle vie, j'ai du succès et j'en éprouve de la gratitude.

Je dispose d'une abondance de temps pour faire tout ce que je veux.

Je suis un enfant de l'univers et nous sommes tous connectés.

Je me règle à la fréquence de l'abondance et de la reconnaissance et je suis irrigué par leur énergie. Elle est partout autour de moi.

Je mérite que de nouvelles occasions s'offrent à moi ici et maintenant.

Mes besoins sont toujours comblés.

Quand je reste à l'écoute de l'énergie de l'abondance, j'augmente le nombre d'occasions qui se présentent à moi.

J'ai la plus grande liberté dans le domaine de mes passions, car je suis créatif.

J'ai une vie luxueuse, de première classe.

Je me sens généreux et je partage aisément mon succès. Nous sommes un.

Je suis moi. Je m'aime. J'ai réussi ma vie.

J'informe mon esprit que la richesse, la santé et l'abondance m'appartiennent et qu'elles irriguent ma vie en tout temps, sous une forme ou une autre. Je suis un créateur.

J'apprends facilement tout ce que je veux savoir, parce que mon cerveau est surpuissant et en bonne santé.

Je suis au bon endroit, au bon moment, et je fais ce qu'il faut.

Je suis en pleine possession de mes moyens en tout temps.

Mon cœur est grand grâce à ma force et à mon courage. Mon cerveau déborde d'idées incroyables. Mon âme regorge d'enthousiasme.

L'argent me trouve facilement. Le sentiment d'abondance produit l'abondance.

Ce que je valorise prend de la valeur !

De merveilleuses occasions nouvelles se présentent à moi à l'instant même.

Je suis ouvert à l'énergie du succès qui m'environne, et le succès m'aime. Je suis ouvert à tout ce qui est bon.

Je me suis reconnaissant de prendre si bien soin de moi et de persévérer dans la réussite.

CHAPITRE 18

Scénario de petit rituel café : trouver l'amour !

Vous l'avez déjà trouvé ? Eh bien, passez ce chapitre !

Sinon, poursuivez votre lecture. (Ou si vous connaissez quelqu'un qui cherche l'amour, peut-être trouverez-vous ici matière à lui être utile ?)

Souvenez-vous de l'attitude de la millionnaire (voir le chapitre 17) qui m'a permis de créer mon mode de vie de millionnaire dans la belle région de l'Ombrie, en Italie. Ma démarche a été similaire quand est venu le temps de chercher un amoureux-futur-mari. C'était il y a quinze ans, et ç'a été une réussite. Même si je ne buvais pas de café en le faisant, j'avais mis en place un petit rituel. Dans mon bain, un soir sur deux, je me concentrais sur l'amoureux que je voulais guider jusqu'à moi.

On aurait pu appeler ma méthode *le petit rituel bain moussant*, mais à l'époque je ne savais pas vraiment ce que je faisais.

Je ne me rendais pas compte que cela revenait à me parler à moi-même, et pourtant, c'était exactement cela. J'avais même écrit un scénario pour pouvoir le relire et y réfléchir. Il regorgeait de détails concernant l'homme avec qui je souhaitais partager ma vie.

J'avais rédigé une liste de tout ce que je désirais chez un conjoint. Vraiment tout, y compris les lunettes qu'il porterait (c'était ma façon de m'imaginer une personne intelligente), sa philosophie quant à l'éducation des enfants (je voulais être mère au foyer), son rapport au sport télévisé (je priais pour qu'il ne soit pas obsédé par un sport ni qu'il se définisse par rapport à ça), et ainsi de suite. J'avais élaboré une liste extrêmement détaillée comportant quinze requêtes adressées à l'univers.

C'était une liste papier, comme à l'époque les téléphones étaient moins sophistiqués qu'aujourd'hui : ils se fermaient avec un clapet comme les machins dans les vieux *Star Trek*. Je vois encore cette feuille de papier dans ma mémoire aujourd'hui... J'avais utilisé des stylos à encre brillante et des autocollants, et j'avais dessiné des cœurs et des fleurs un peu partout... Il faut savoir que j'avais déjà la vingtaine avancée. (Vous pouvez rire, mais je pense que les fillettes en connaissent un rayon sur les trucs pour adresser des demandes à l'univers !) Plus sérieusement, les fioritures visuelles contribuaient à créer, vous vous en doutez, l'investissement émotionnel requis chaque fois que je relisais la liste.

Quand j'y repense aujourd'hui, avec le recul, ma démarche ressemblait davantage à une liste de souhaits ou à l'élaboration d'un objectif détaillé qu'à un rituel de conversation avec soi-même. Il n'y avait aucune affirmation positive me concernant sur cette liste, parce que je ne savais rien de leur importance à l'époque. Mais l'idée d'avoir un but, de le préciser par des détails, de concevoir un rituel fréquent (un jour sur deux dans ce cas-là) pour le garder en tête, et de ressentir des émotions positives en le lisant, tout ça était étrangement semblable à la démarche bien huilée que j'ai mise en place depuis pour me fixer des objectifs et rester connectée à eux. Toutefois, si j'avais inclus des affirmations positives pour me parler de moi-même en bien, cela aurait été encore mieux ! Je parie que j'aurais trouvé mon Greg en un an au lieu de deux !

Voici comment j'ai procédé. Tandis que je lisais ma liste un soir sur deux dans mon bain, je me détendais dans un environnement tout à fait adapté à ma visualisation… bain moussant, lumière tamisée, bougie, musique douce. En créant l'environnement propice, j'aidais mon esprit à entrer dans l'état de relaxation alpha, celui qui rend beaucoup plus facile la reprogrammation du cerveau.

En lisant mon scénario, j'étais impatiente de rencontrer mon amoureux et je commençais déjà à ressentir de l'amour. Cela me plongeait dans l'état magique d'investissement émotionnel que je mets en avant depuis le début de ce livre : les émotions doivent résonner avec la vision que se donne le cerveau analytique afin que le rêve devienne réalité, qu'il prenne une forme concrète. Grâce à la combinaison de ma détente, du scénario détaillé qui appelait l'homme de mes rêves et des émotions amoureuses que je vivais en m'imaginant à quel point ce serait extraordinaire de le rencontrer… boum ! Il a débarqué dans ma vie et, sans blague, il correspondait à chacun des éléments de ma liste.

Voici un petit exercice pour vous : asseyez-vous et dressez une liste des qualités idéales que vous cherchez en amour. Prenez le temps de bien le faire. Réfléchissez-y attentivement. Il s'agit d'un sujet d'une grande importance : vous cherchez un compagnonnage pour la vie, après tout.

Vous trouverez ci-dessous un modèle de scénario de petit rituel café pour rencontrer l'amour digne de vos rêves. Le truc, c'est de prendre les qualités que vous aurez listées dans le petit exercice précédent, et de les y ajouter. Libre à vous de faire toute autre modification qui vous convient.

Modèle de scénario de petit rituel café pour trouver l'amour

J'aime être une personne attentionnée parce qu'ainsi je me sens bien.

Je ressens l'amour au plus profond de mon cœur à chaque instant.

Je mérite d'être en couple avec une personne formidable et généreuse.

Dans la vie de rêve que je me destine, je mérite de trouver cette personne.

La personne que je cherche est en train de me chercher, elle aussi.

Je suis digne d'être aimé. Tout à fait, absolument digne.

Je sais que tout est possible.

J'aime être en ma compagnie parce que je suis une super personne.

Je suis disposé à être en couple avec une personne formidable parce que mon cœur est plein d'amour à partager.

Quand je reste à l'écoute de l'énergie de l'amour, j'augmente le nombre d'occasions de trouver chaussure à mon pied.

La personne que j'attends est formidable, généreuse, sexy et aimante. Comme moi.

Je suis en excellente santé.

Je suis beau, amusant et heureux. Je me lève tous les jours en ressentant de la joie et de la reconnaissance envers ma vie.

L'amour est tout autour de moi. Je l'attire.

Je me règle à la fréquence des histoires d'amour. Je sens qu'elles sont là autour de moi. Mon énergie amoureuse me connecte à elles.

J'ai de l'amour à donner aux autres et je le distribue généreusement.

J'aime faire de nouvelles choses. J'aime jouer. Je brille de mille couleurs et elles illuminent ma vie.

Je mérite le plus bel amour d'entre tous. Un amour de cinéma ! Un amour joyeusement et délicieusement romantique ! Un amour sucré, rose et duveteux comme de la barbe à papa !

Mes jours sont pleins de joie.

L'amour vient à moi facilement parce que je déborde d'amour.

La personne parfaite pour moi est en chemin parce que je suis prêt.

Tout est merveilleux, je baigne dans la félicité parce que je vois l'amour partout autour de moi. Je le sens.

J'appelle une personne qui prendra merveilleusement bien soin de moi, parce que moi-même, je prends merveilleusement bien soin de moi.

De nouvelles occasions d'entrer en relation avec une personne incroyable se présentent à moi dès aujourd'hui.

Rire est agréable et je suis impatient de découvrir toutes les choses drôles que mon amour et moi vivrons ensemble.

La personne idéale pour moi sera drôle, généreuse, empathique, attirante, intelligente et aventureuse.

Je suis énergisé par tout l'amour que je sens dans l'air autour de moi, des choses formidables sont en train d'arriver.

Je suis magnifique et je sens mon énergie positive qui déborde et s'active à guider vers moi la relation de couple idéale que je souhaite.

L'amour. L'amour. L'amour. J'aime l'amour.

Ma vie est incroyable parce que je m'aime comme je suis en ce moment même. M'aimer pleinement signifie que je suis prêt à aimer une autre personne.

Un amour brûlant et intense s'est mis en route vers moi !

J'attends avec impatience toutes les escapades romantiques, les soirées délicieuses et les aventures excitantes que nous partagerons, mon amour et moi.

Je suis détendu. Je souris. Je me sens si bien.

Je mérite l'amour.

CHAPITRE 19

Scénario de petit rituel café : entretenir l'amour dans une relation

Voici un scénario pour favoriser l'amour à l'intérieur d'une relation existante. Quand le quotidien devient frénétique ou que la famille s'agrandit avec l'arrivée d'enfants, nous consacrons moins d'attention à notre relation de couple. C'est pourquoi nombre de couples essaient de prévoir à l'agenda des « soirées intimes » pour profiter d'un peu de temps ensemble, se reconnecter, accorder à l'autre son attention pleine et entière.

Si vous commencez à vous parler à vous-même régulièrement, votre partenaire s'en rendra compte, parce que vous serez plus positif et heureux. En fait, plusieurs membres du groupe Facebook consacré à cette pratique ont remarqué qu'après s'être adonnés eux-mêmes au petit rituel café, leur partenaire a commencé à leur témoigner davantage d'attention et d'affection. Le mari d'une lectrice s'est même mis à inscrire des affirmations sur son miroir et à laisser de petits messages d'amour près de sa tasse de café !

Ce scénario va vous aider à bonifier votre relation de couple afin qu'elle soit irriguée d'amour toute la journée et que la séduction opère à plein régime. En utilisant ce genre de scénario, ou en y puisant quelques lignes pour les ajouter à un autre à visée plus générale, vous constaterez une augmentation des câlins et des bisous avec votre partenaire, et vous vous montrerez tous deux plus romantiques, à l'écoute et patients. C'est comme réinjecter au quotidien une petite dose d'émotions de lune de miel à sa relation.

Modèle de scénario de petit rituel café pour entretenir l'amour dans une relation

J'aime prendre soin de la personne que j'aime, c'est tellement agréable.

Je ressens l'amour jusqu'au plus profond de mon cœur à chaque instant, pour moi-même et pour la personne que j'aime.

Je mérite d'être en couple avec une personne formidable et généreuse.

Je donne de l'amour toute la journée à la personne que j'aime.

Quand la personne que j'aime me parle, je lui consacre mon attention pleine et entière.

Je suis digne d'être aimé. Vraiment, profondément digne.

La personne que j'aime est digne d'être aimée. Vraiment, profondément digne.

Je sais que tout est possible.

Ma douce moitié et moi nous faisons confiance et nos âmes sont entrelacées dans l'amour.

Nous aimons être ensemble.

Ma douce moitié et moi prenons le temps de nous détendre ensemble et de profiter de la compagnie de l'autre.

Chaque jour, quand je vois la personne que j'aime, je souris.

Les câlins, la complicité et la confiance sont toujours au rendez-vous entre nous.

Quand je reste à l'écoute de l'énergie de l'amour, je décuple notre amour.

La personne que j'aime est merveilleuse, généreuse, sexy et aimante. Et moi aussi.

J'aime faire des choix sains parce que c'est bon pour moi, et cela aide à maintenir ma relation de couple en bonne santé.

Ma relation de couple est belle et je me réveille tous les jours en ressentant la joie et la reconnaissance d'en bénéficier.

L'énergie de l'amour est partout autour de moi. J'attire l'amour comme un aimant.

Nous nous réglons à la fréquence de l'amour. Nous sentons qu'elle est là, tout autour.

Notre énergie amoureuse nous relie même quand nous ne sommes pas ensemble.

Je dispose de mon amour avec générosité, je le partage avec la personne que j'aime.

Nous aimons faire de nouvelles choses. Nous aimons jouer. Nous brillons de mille couleurs et elles illuminent notre vie amoureuse.

Je mérite le plus incroyable des amours. Un amour de cinéma ! Un amour magiquement, délicieusement romantique !

Mes jours sont pleins de joie.

L'amour nous vient facilement parce que nous nous respectons. Nous sommes des partenaires, des copilotes, des compagnons de bord.

Notre relation est extraordinaire, portée par la confiance et l'amour.

Nous sommes détendus. Nous sourions. Nous nous sentons très bien.

Je suis en sécurité avec la personne que j'aime et elle est en sécurité avec moi. Nos cœurs se connaissent de fond en comble.

Tout est formidable et serein parce que nous voyons l'amour tout autour de nous. Nous le sentons.

Nous attirons d'incroyables occasions à saisir dans nos vies.

De nouvelles aventures épatantes nous attendent dès aujourd'hui !

Nous aimons rire ensemble parce que cela fait du bien. Notre vie est pleine de joie.

Notre relation regorge de compassion, d'attirance et d'aventure.

Je souris chaque fois que la personne que j'aime entre dans la pièce, parce que je suis traversé par l'amour et la reconnaissance. Quelle chance que cette personne merveilleuse soit dans ma vie ! Je suis comblé.

J'attends avec impatience la suite de notre histoire, parce que des choses formidables sont en train d'arriver en ce moment même.

Nous sommes magnifiques et nous sentons notre énergie positive déborder et s'activer à nous faire vivre des expériences formidables, et à augmenter encore notre amour.

L'amour. L'amour. L'amour. Nous aimons l'amour !

Notre vie commune est incroyable parce que nous nous aimons et que nous aimons le nous que nous formons.

Notre amour est brûlant et intense. Il est incroyablement sexy !

J'attends avec une grande impatience toutes les escapades romantiques, les soirées délicieuses et les aventures excitantes que nous partagerons, aujourd'hui et tous les autres jours.

Nous sommes heureux !

CHAPITRE 20

Scénario de petit rituel café : fertilité

Vous n'avez pas pour projet de fabriquer une copie de vos gènes ? Passez ce chapitre !

Le sujet de la fertilité revêt une grande importance pour moi. J'ai utilisé la puissance du petit rituel pour m'aider à tomber enceinte. Ce n'était pas le seul outil dans ma trousse de fertilité, mais c'en était un incontournable parce qu'il m'a aidée à demeurer calme et disponible. C'était il y a dix ans. À l'époque, je savais qu'on pouvait se parler à soi-même. Mais je n'utilisais pas la puissance de cette démarche aussi régulièrement que je le fais aujourd'hui. Je n'avais pas de programme précis ni de scénario comme celui dont je dispose ci-dessous.

J'ai toutefois un souvenir limpide de la façon dont j'ai utilisé la version que je connaissais alors. Ce jour-là, nous nous sommes rendus dans une clinique new-yorkaise pour une fécondation in vitro. En passant la blouse d'hôpital, je psalmodiais, comme un mantra d'amour, que j'étais détendue et que j'étais heureuse que l'ovule fécondé par Greg soit transféré à l'intérieur de moi.

Une fois que la procédure a été terminée, je me suis lancée à fond dans la visualisation. Après le transfert de l'embryon, les médecins m'ont demandé de rester allongée sur un fauteuil d'examen pendant une demi-heure. J'ai passé tout ce temps à imaginer mon utérus rose, doux et collant comme de la barbe à papa. J'ai répété encore et encore dans mon esprit que l'embryon allait s'y coller, qu'il déciderait que c'était sa maison. Puis je me suis imaginé que j'avais dans mon utérus un magicien à chapeau mauve, du genre Merlin, me promettant que tout irait bien et qu'il prendrait soin de mon embryon.

L'émotion me serre la gorge tandis que j'en parle aujourd'hui, parce qu'à ce moment-là, les paroles douces que je m'adressais m'ont aidée à rester calme et à donner les bonnes instructions à mon corps. La capacité de l'esprit à avoir un effet concret sur le corps est indéniable. Je crois sincèrement que si j'avais utilisé un scénario comme celui qui suit pendant toute la période où nous tentions de concevoir un enfant, nous y serions arrivés plus tôt et plus facilement. Et au minimum, la démarche aurait été beaucoup moins stressante. (Petit conseil : tâchez de vous mettre au café décaféiné quand vous essayez de concevoir un enfant…)

Modèle de scénario de petit rituel café pour la fertilité, version féminine

Je mérite de recevoir ce que je désire et je mérite d'avoir un enfant. Je le sens. Je le sais. J'en demeure consciente toute la journée.

Mon corps est conçu pour porter et mettre au monde un beau bébé.

Je ressens l'amour jusqu'au fond de mon cœur, à chaque instant, et je suis prête à le partager avec mon bébé.

Je suis en pleine possession de mes moyens. Rien ne peut m'arrêter et je sais que tout est possible.

Lorsque je suis dans un état de plénitude, de gratitude et de reconnaissance de ma propre valeur, c'est comme si mes désirs étaient déjà exaucés. Ainsi, je connecte mes émotions actuelles à celles qui m'attendent dans le futur, et mon corps croit que ce futur est arrivé. En maintenant ce lien, j'accélère la réalisation de mes rêves.

J'ai un corps extraordinaire.

Je suis saine et belle parce que je m'aime.

Mes hormones sont optimales et performantes. Elles savent comment préparer mon corps à recevoir et à fabriquer un bébé en parfaite santé.

C'est facile pour un embryon de se coller à l'intérieur de mon utérus parce que mon utérus est collant comme de la barbe à papa.

Je régénère mon corps grâce à un repos adéquat, à de la nourriture saine et à des affirmations aimantes, parce que toutes ces choses aident la fertilité.

Je suis formidable.

J'ai l'énergie qu'il faut pour avoir un bébé et je suis prête.

Je suis impatiente de sentir l'énergie du bébé à l'intérieur de moi.

Je suis reconnaissante de tout ce qu'il y a dans ma vie et la gratitude me procure du bien-être. Quand je me sens bien, ma fertilité augmente.

Je suis détendue. Vraiment, absolument détendue.

Je suis calme et je dispose d'une abondance de temps pour tomber enceinte. Tout va bien.

Mon corps est naturellement fertile parce que je l'aime et que j'aime ma vie.

C'est un plaisir d'être enceinte et je suis prête. Je suis heureuse. Je me réjouis que cela m'arrive bientôt !

Aucun effort ne m'est nécessaire pour être fertile, c'est naturel pour moi. Ma vie est prête à accueillir avec amour la venue d'un bébé.

Je suis capable de concevoir facilement parce que mon corps rayonne de vitalité et de vie.

Je suis tout à fait prête à avoir un enfant parce que je m'aime absolument, pleinement et sans condition, ici et maintenant.

Je sens la magie s'activer dans mes hormones, elles préparent mon corps à concevoir un enfant.

J'aime la façon dont je pense et dont je me sens. J'aime le pouvoir dont je dispose, celui de me destiner la vie de mes rêves.

La capacité qu'a mon corps de fabriquer un bébé est phénoménale.

J'aime la personne avec laquelle je conçois cet enfant. J'aime ma vie. Je m'aime.

Modèle de scénario de petit rituel café pour la fertilité, version masculine

Je mérite d'être père. Je le sens. Je le sais. J'en reste conscient toute la journée.

Mon corps est conçu pour féconder celui de ma partenaire et ainsi concevoir un beau bébé.

Je ressens l'amour jusqu'au fond de mon cœur à chaque instant et je suis prêt à le partager avec mon bébé.

Je suis en pleine possession de mes moyens. Rien ne peut m'arrêter et je sais que tout est possible.

Lorsque je suis dans un état de gratitude, de plénitude et de reconnaissance de ma propre valeur, c'est comme si mes désirs étaient déjà exaucés. Ainsi, je connecte mes émotions actuelles à celles qui m'attendent dans le futur, et mon corps croit que ce futur est déjà arrivé. En maintenant ce lien, j'accélère la réalisation de mes rêves.

J'ai un corps fort et puissant.

Je suis sain et je mérite d'avoir un enfant, parce que je m'aime.

Mes hormones sont optimales et performantes. Elles savent comment préparer ma semence afin qu'elle fertilise un ovule.

Mon sperme est composé d'une nuée de nageurs forts et futés ! Le nombre, la motricité et la morphologie de mes spermatozoïdes sont exceptionnels !

Je régénère mon corps grâce à un repos adéquat, à de la nourriture saine et à des affirmations aimantes, parce que toutes ces choses me donnent un corps en bonne santé et prêt pour la paternité.

J'ai l'énergie qu'il faut pour avoir un enfant et je suis prêt.

Je suis impatient de sentir l'énergie du bébé dans le ventre de ma partenaire.

Je suis reconnaissant pour tout ce que j'ai dans la vie, et la gratitude me rend fort, puissant et en bonne santé.

Le bien-être augmente ma fertilité.

Je serai un père extraordinaire.

Je suis détendu. Vraiment, absolument détendu.

Je suis calme et je dispose de temps et d'énergie en abondance pour que ma famille s'élargisse. Tout va bien.

Mon corps est naturellement fertile parce que je l'aime et que j'aime ma vie.

Je suis prêt. Je suis heureux. Je me réjouis d'être bientôt père !

SCÉNARIO DE PETIT RITUEL CAFÉ : FERTILITÉ

Aucun effort ne m'est nécessaire pour être fertile, c'est naturel pour moi. Ma vie est prête à accueillir avec amour la venue d'un bébé.

Je suis capable de fertiliser l'ovule de ma partenaire parce que mon corps déborde de vitalité et de vie.

Je suis tout à fait prêt à avoir un enfant parce que je m'aime absolument, pleinement et sans condition, ici et maintenant.

Je sens la magie s'activer dans mes hormones, elles produisent un sperme sain et vigoureux.

J'aime la façon dont je pense et dont je me sens. J'aime ce pouvoir dont je dispose, celui de me destiner la vie de mes rêves.

La capacité de mon corps à contribuer à la fabrication d'un bébé est phénoménale.

J'aime la personne avec laquelle je conçois cet enfant. J'aime ma vie. Je m'aime.

CHAPITRE 21

Scénario de petit rituel café : parent extraordinaire

Il serait tentant de croire qu'aucun parent digne de ce nom n'a besoin d'un scénario de petit rituel café pour lui montrer la voie, parce que s'il y a bien une chose dont on ne manque pas envers ses enfants, c'est d'amour. Mais tout parent éreinté sait qu'il pourrait parfois se montrer plus attentif et plus disponible pour ses enfants. Dès que nous sommes le moindrement fatigués, distraits, occupés, ou que nous ne nous aimons pas nous-même suffisamment, cela affecte nos enfants.

L'une des choses les plus importantes que vous puissiez faire pour augmenter l'amour que vous témoignez à vos enfants est de vous aimer d'abord, *vous*. Oui, j'ai bien écrit *d'abord*. Il faut que vous commenciez par là, car c'est comme ça que vous serez fidèle au poste pour vos enfants, que vous leur offrirez le parent qu'ils méritent, et parce que cela leur enseignera, par l'exemple, à s'aimer eux-mêmes.

Lorsque vous vous aimez adéquatement, vous prenez mieux soin de vous. En cas de dépressurisation d'une cabine d'avion, on vous enseigne à mettre votre masque à oxygène en premier, pour que vous puissiez demeurer conscient et ensuite aider vos enfants à mettre le leur. Vous incarnez alors le meilleur exemple à suivre. Nos enfants apprennent en nous regardant, et il n'est pas réaliste de croire qu'ils vont développer une saine estime d'eux-mêmes si nous n'en affichons pas une solide nous-même.

Ce scénario de petit rituel café pour être un parent extraordinaire propose des affirmations visant à reprogrammer votre cerveau afin qu'il augmente votre estime de vous-même et que vous soyez le meilleur parent possible.

Remarque : ajoutez le nom de votre enfant (ou de vos enfants) dans le scénario afin que la connexion soit personnalisée et que l'effet soit décuplé.

Modèle de scénario de petit rituel café pour parent extraordinaire

J'aime être une personne attentionnée.

Je suis un parent patient, doux et inspirant parce que je prends le temps d'accorder à mon enfant une écoute active.

J'aime accorder à mon enfant mon attention pleine et entière parce que cela lui montre à quel point il est important pour moi.

J'aime ma vie et je suis reconnaissant d'avoir cette famille.

C'est amusant et motivant d'être un parent. Je chéris cette aventure.

L'expérience de la parentalité est merveilleuse, j'aime regarder mon enfant grandir et s'épanouir.

Mon enfant est digne d'être aimé. Je suis digne d'être aimé.

Je dispose de ressources de générosité et de patience infinies. J'aime passer du temps avec mon enfant.

Je ressens l'amour jusqu'au plus profond de mon cœur à chaque instant et il inclut mon enfant.

Je me règle sur la fréquence des parents extraordinaires. Elle me permet de saisir les mille et une occasions d'agir pour le mieux. Mon énergie positive me permet de rester à l'écoute et connecté à mon enfant.

Je distribue généreusement ma patience et je l'offre à mon enfant.

J'adore me blottir contre mon enfant.

J'aime faire de nouvelles choses avec mon enfant parce que c'est amusant et que nous apprenons ensemble.

J'ai une vie merveilleuse et mon enfant aussi aime la vie.

J'écoute mon enfant pour qu'il sache que sa voix compte.

Quand mon enfant entre dans une pièce, je me détourne de ce que je fais pour le regarder dans les yeux.

Je suis un parent incroyable parce que je crois en moi.

Aujourd'hui, je valorise le temps passé avec mon enfant.

Je demeure patient et je permets à mon enfant de faire les choses à son rythme.

Je réagis avec patience, compassion et douceur aux erreurs, et en agissant de la sorte, j'apprends à mon enfant à traiter les autres avec patience, compassion et douceur.

Je n'ai pas réponse à tout, mais j'écoute attentivement mon enfant et je lui accorde la place nécessaire pour qu'il s'exprime.

J'aime être un modèle pour mon enfant parce qu'il en a besoin.

C'est motivant de m'aimer et de savoir que l'amour que je me porte bénéficie grandement à mon enfant.

Mon cœur regorge de patience, de douceur et de goût de l'aventure, et je suis prêt à partager tout cela avec ma famille.

C'est magique d'être un parent, et c'est un immense privilège d'avoir mon enfant. Je savoure le temps que je passe avec lui.

Dans notre maison, il est toujours l'heure des câlins, des moments partagés et de l'amour.

Je me réveille plein d'amour tous les jours et je suis impatient de le partager avec ma famille.

Nous sommes une famille extraordinaire, pleine de magie, d'amour et d'émerveillement.

Je suis reconnaissant d'avoir ma famille et beaucoup de temps à lui consacrer.

Le temps passé en famille est important parce qu'il nous unit et nous rend plus forts.

Je suis l'amour. Je suis la douceur. Je suis la patience.

CHAPITRE 22

SCÉNARIO DE PETIT RITUEL (SANS CAFÉ) POUR ENFANTS !

LES ENFANTS, VOUS DÉPLACEREZ DES MONTAGNES ! LA JOURNÉE VOUS APPARTIENT ! VOTRE MONTAGNE VOUS ATTEND, ALLEZ, EN ROUTE !

DOCTEUR SEUSS

Lorsqu'ils prennent le temps de se parler en bien, les enfants réagissent différemment parce qu'ils sont particulièrement impressionnables. Même de tout petits changements dans la façon dont ils se programment maintenant peuvent avoir effet durable pour le reste de leur vie. En tant que parent, st notre travail d'être un bon modèle et de leur montrer voie. Si vous êtes parent, non seulement vous serez plus à se dans votre rôle grâce au petit rituel café, mais je vous courage aussi à mettre vos enfants dans le coup. Vous êtes ur premier prof, c'est donc très facile de prendre le temps leur enseigner spécifiquement comment bien se parler.

Bien entendu, les enfants n'ont pas besoin de café… ou un tit déca, peut-être ? Blague à part, vous pourriez leur offrir r exemple de l'eau pétillante présentée dans un verre spé-al, qui ne leur servirait que durant leur petit rituel. Ce genre e détail amusant peut faire toute la différence. L'important, est de ritualiser leur expérience et de leur donner l'occa-ion de la répéter avec régularité. Pour un effet maximum, aites-en une étape de leur routine quotidienne.

Prenez le temps de visualiser un monde dans lequel ous les enfants auraient une bonne estime d'eux-mêmes. Un monde sans intimidation, où tous les enfants seraient ntourés d'amis positifs et encourageants. Si nous ensei-gnons à nos enfants à se parler avec gentillesse, ils seront plus sûrs d'eux-mêmes et auront une volonté bien campée quand viendra le temps de résister à la pression sociale. Ils auront une bonne opinion d'eux-mêmes et ne ressentiront pas le besoin de se comparer. Ils seront plus heureux et auront plus de succès. Ils auront le cœur généreux. Et cela fonctionne vraiment !

Les réseaux sociaux tels que Facebook et Instagram peuvent être dangereux pour les enfants. Même si vous écartez les scénarios catastrophes, comme les prédateurs, l'intimidation en ligne et le développement de tendances dépressives ou d'idées suicidaires, restent encore les agressions mineures, qui s'additionnent avec le temps et affectent l'estime de soi des enfants, encourageant alors un comportement antisocial.

En tant que parents, nous ne pouvons pas être présents en tout temps derrière nos enfants, à plus forte raison quand ils vieillissent. Mais nous pouvons les équiper et leur fournir les outils pour s'en tirer dans le monde moderne. Nous pouvons améliorer grandement la vie de nos enfants en leur donnant l'habitude de bien se parler, et ce, dès aujourd'hui. Par contre, c'est nous qui devons faire les premiers pas. Il faut passer à l'action et ne pas se contenter de beaux discours.

Les profonds changements de société que nous pourrions susciter en enseignant à nos enfants à bien se parler me passionnent et me font rêver. Non seulement nous vivrons une meilleure vie, nous, parents, grâce à la façon optimale dont nous nous parlons, mais les générations futures en profiteront elles aussi. Voyez ça comme une méthode pour préparer vos enfants au futur. Aidez-moi à rendre nos vies meilleures en vous aimant et en montrant à nos enfants comment s'aimer. Nous sommes une force de changement !

Je sais que c'est possible, parce que je le vois tous les jours dans ma propre vie. Grâce à la démarche que j'ai entreprise en intégrant le petit rituel café dans ma vie, j'ai eu un effet positif sur les gens que je côtoie (la famille, les amis, les lecteurs de mon blogue et les gens sur les réseaux sociaux). La façon dont je me parle a fait de moi une mère et une personne plus aimante, plus empathique, plus douce. Quand j'ai mis en place mon petit rituel café, ma fille a immédiatement remarqué la différence dans mon attitude et mon comportement. Et puisque je suis son enseignante d'école à la maison, où elle passe donc beaucoup de temps, elle était *vraiment très heureuse* que j'aie changé en mieux !

Nous connaissons tous la curiosité insatiable des enfants. Nous pouvons tirer avantage de cette qualité naturelle. Ma fille m'a vue pratiquer mon petit rituel café et elle a voulu que je lui explique ce que c'était. Elle était tout particulièrement intéressée par les belles images que j'avais incluses dans le scénario sur mon iPhone. Elle vient toujours lire par-dessus mon épaule au cas où quelque chose d'intéressant apparaîtrait sur mon téléphone. C'était une belle occasion de lui expliquer ce dont il était question, sans l'obliger à « apprendre » quoi que ce soit.

Mon mari, qui a grandi dans une famille où il était très important de bien se parler, comprenait ce que je faisais et n'avait pas besoin de suivre un cours ! Cependant, il était fort enthousiasmé par mon idée de combiner le moment de se parler avec un rituel quotidien, comme le café du matin. Il a fait des études en psychologie et croit dur comme fer au pouvoir du rituel quand vient le temps d'*installer* (son expression) de puissantes habitudes dans sa vie. C'est comme installer un logiciel sur son ordinateur, dit-il.

Une autre façon de piquer la curiosité de votre famille est simplement de faire votre petit rituel en leur présence.

Tout au long de la journée, je prononce quelques phrases de mon scénario à voix haute pendant que je m'adonne aux tâches domestiques. Ça ne me dérange pas si l'on m'entend, au contraire. Un jour, alors que je suspendais des vêtements pour qu'ils sèchent, je disais à voix haute à quel point j'aimais notre vie. Je répétais une phrase de mon scénario pour moi-même, mais je savais que ma fille pouvait m'entendre parce qu'elle était là tout près, à travailler sur son iPad. J'ai dit :

Nous vivons une vie extraordinaire, nous sommes chanceux et bénis. Nous nous organisons une vie géniale et c'est motivant de voir à quel point nous avons le pouvoir de réaliser nos rêves.

Quelques minutes plus tard, ma fille (qui aime écrire des histoires) a été prise de l'envie d'expliciter le désir qu'elle voulait voir se concrétiser : « Je vais être aussi connue que J. K. Rowling un jour ! Non, attends, je vais être *encore plus connue* ! » Waouh, ma fille a de l'ambition ! Intérieurement, je me suis exclamée de joie et je me suis donné une bonne tape dans le dos. Elle est déjà en train d'élargir les horizons de son esprit et d'apprendre à viser haut, à se donner des objectifs scintillants et époustouflants (des OSÉ) *et à les énoncer à voix haute*... et tout ça, grâce à l'exemple que je lui donne.

La première étape, si vous voulez que vos enfants se mettent à se parler en bien, est de montrer l'exemple en le faisant vous-même. Dites-leur ce que vous faites et pourquoi vous le faites, et donnez-leur à voir les scénarios que vous employez pour qu'ils sachent à quoi cela ressemble et

comprennent la dé
ont entre quatre e
extraits du scénari
dant de répéter, un
sans doute envie d
lire toute seule, ma
quand j'en ai envie.
Essayez d'étab
de les encourager
peut être le matin
ou le soir, lorsque
encore petits, ce p
procher et de pass
pourriez vous blot
peut-être aimerai
superhéros pour r
voix haute ?
En grandissant,
et pourront même
donné la permissi
menté de dessins,
marqueurs effaçab
participer à la dém
arrivée à inventer
environ sept ans e
timité à cette étap
n'y a pas de mauv
dans leur placard c

hebdomadaire : to
quelques chanson
l'esprit que les enf
gie, aimeront sans
à leur rituel, comm
première partie d
adore les autocoll
l'emploi d'un journ
amusante pour el
Au bout du co
enfants peuvent
ils sont jeunes, m
phrase plusieurs f
cela enclenche le
vous préparez ain

Modèle
(sa

Je mérite qu'on m
Je m'aime.
Je suis un gra
C'est amusan
C'est amusan
Le monde est
vivre ma vie.

Je suis créatif, j
rencontrer des défi
Tout est possib
importe ce qui arriv
J'ai des tonnes
pour les accueillir.
Je m'aime. Je m

vous vous sentez dans une forme splendide, votre énergie positive rayonne et les influence.

Ne soyez pas surpris si les gens se mettent à vous demander : « Pourquoi es-tu toujours de si bonne humeur ? » Maintenant qu'ils ont posé la question, la porte est ouverte pour aborder votre démarche. C'est le moment de les accrocher ! Sautez sur l'occasion de raconter votre histoire et d'expliquer comment vous avez utilisé le petit rituel café pour transformer votre vie.

Le truc, c'est vraiment de commencer par vous changer vous-même. Les autres en seront témoins et auront du mal à résister à la tentation de s'y mettre à leur tour ! Profitez-en et partagez votre expérience. Parlez-leur de votre petit rituel café quotidien. Prêtez-leur ce livre et expliquez-leur à quel point il est facile de se sentir merveilleusement bien… Qui serait contre ?

Conclusion

Le petit rituel café est une activité quotidienne facile d'environ cinq minutes qui peut changer votre vie. Au fond, votre façon de parler, de penser et de ressentir les choses revêt une importance capitale. Tournez cela à votre avantage et offrez-vous une vie magique : la meilleure possible. Destinez-vous la vie de vos rêves parce que *vous la méritez* !

N'hésitez pas à m'écrire à Kristen@KristenHelmstetter.com pour me raconter comment se passe votre démarche personnelle !

J'attends avec impatience de vos nouvelles !

TABLE DES

CHAQUE SECONDE DONT VOUS BÉNÉFICIEZ SUR CETTE PLANÈTE EST PRÉCIEUSE, IL EST DE VOTRE RESPONSABILITÉ D'ÊTRE HEUREUX.

NAVAL RAVIKANT

Suivez-nous sur le Web
et les réseaux sociaux!

EDITIONS-JOUR.COM
EDITIONS-HOMME.COM
EDITIONS-PETITHOMME.COM
EDITIONS-LAGRIFFE.COM
RECTOVERSO-EDITEUR.COM
QUEBEC-LIVRES.COM
EDITIONS-LASEMAINE.COM

Imprimé chez Marquis Imprimeur inc.